CW00926346

UOMO E GENTILUOMO
ovvero il manuale pratico
del perfetto gentleman

TESTI: Michele D'Andrea, Laura Pranzetti Lombardini
FOTOGRAFIE: Shutterstock Images
ILLUSTRAZIONI: Shutterstock Images, tranne pp. 22, 53, 54, 71, 72, 73, 74, 80, 81 (Barbara Coello) e p. 26 (David Meghnagi)

Redazione Gribaudo
Via Garofoli, 266
37057 San Giovanni Lupatoto (VR)
redazione@gribaudo.it

RESPONSABILE INIZIATIVE SPECIALI: Massimo Pellegrino
RESPONSABILE DI PRODUZIONE: Franco Busti
RESPONSABILE DI REDAZIONE: Laura Rapelli
RESPONSABILE GRAFICO: Meri Salvadori
REDAZIONE: Sara Sorio
FOTOLITO E PRESTAMPA: Federico Cavallon, Fabio Compri
SEGRETERIA DI REDAZIONE: Daniela Albertini

FSC
www.fsc.org
MISTO
Carta
da fonti gestite in
maniera responsabile
FSC® C044117

STAMPA E CONFEZIONE: Arti Grafiche Dial Mondovì (CN), azienda certificata FSC®-COC con codice ICILA-COC-000335

© 2016 Gribaudo - IF - Idee editoriali Feltrinelli srl
Socio Unico Giangiacomo Feltrinelli Editore srl
Via Andegari 6 - 20121 Milano
info@gribaudo.it - www.feltrinellieditore.it/gribaudo/

PRIMA EDIZIONE: 2016 [9(E)]
SECONDA EDIZIONE: 2017 [11(I)] 978-88-580-1428-8

IL RAZZISMO
È UNA
BRUTTA STORIA.
razzismobruttastoria.net

LAURA PRANZETTI LOMBARDINI
MICHELE D'ANDREA

Uomo E GENTILUOMO

OVVERO
IL MANUALE PRATICO
DEL
PERFETTO GENTLEMAN

GRIBAUDO

Sommario

Se la figura del *gentilhomme* di corte finisce travolta dalla Rivoluzione della fine del Settecento e quella del *gentleman* sopravvive solo nella definizione di *gentlemen's agreement* negli accordi internazionali, che senso ha occuparsi oggi del gentiluomo?

Lo proponiamo in forme leggere e per nulla impositive a chi, già sufficientemente sicuro di sé, voglia sorridere nel riconoscersi nei comportamenti o nella scelta di abbigliamenti e comportamenti che qui vengono illustrati e valutati.

In un mondo radicalmente cambiato in pochi lustri nel quale non si danno più, salvo una decina di eccezioni, uomini di nobili origini e nel quale tuttavia può essere buona regola comportarsi in modi signorili e leali.

In un mondo nel quale sono aumentati in modo e con rapidità inimmaginabili i gradi di libertà di ciascuno e di tutti dando luogo al formarsi e crescere di individualità tendenzialmente infinite, nei comportamenti e negli stili, con un incontrollato e probabilmente incontrollabile aumento del disordine sistemico. Ma il disordine, com'è noto, può essere particolarmente creativo: e quale luogo migliore per provarci se non quello della rappresentazione di sé attraverso l'abbigliamento come messaggio implicito nel modo di porsi e di relazionarsi con il mondo?

Dal 1970 a oggi un abito di lino per uomo taglia 48 è passato da un po' più di un chilogrammo di peso a quasi 600 g. Revers, tasche, busto, vita, fianchi della giacca, larghezza, lunghezza, fondo dei pantaloni tutti radicalmente ridotti. Materiali e costi diminuiti, maggiore sostenibilità della produzione se non fosse per la gigantesca espansione del mercato. Immagine di chi indossa più agile e all'altezza delle prestazioni all'ordine del giorno in ciascuna e tutte le relazioni sociali che costituiscono l'orizzonte odierno della vita quotidiana.

Il modulo dell'uniforme maschile, necessario ad apparire rispettabili, si è disarticolato e lo stile sartoriale, ma anche le case di moda, passano a modelli i cui archetipi vengono dall'abbigliamento sportivo e scivolano sovente in una sportività non sempre consona a tutte le situazioni.

Uno stilista di fama internazionale ha affermato: «La moda spesso viene declassata al solo gesto del coprirsi, eppure se nei Settanta aiutò l'emancipazione se ne può cogliere la valenza politica» e, quindi, anche sociale. Dolce e Gabbana: «Desiderio. Unicità. Libertà. Basta con l'omologazione e l'appiattimento. Negli anni Sessanta la sartoria ha ridotto i codici al minimo, poi la confezione ha fatto il resto. Oggi la sfida è riaprire quei codici». Cantieri aperti insomma, per i comportamenti di ciascuno, e non soltanto per gli stilisti. E le chiavi interpretative sono molteplici. Se il disagio e il malessere nelle società postindustriali, e con risorse limitate, si rappresentavano nella ribellione esplicita, in quella in cui viviamo l'inquietudine resta implicita e si riflette ormai negli stili, spesso ispirati da figure pubbliche di fascino e suggestive, con comportamenti border o che sembrano non stare al gioco. E allora perché insistere con il gentiluomo e il suo stile?

Per Jack Sepetjian, figlio del fondatore di Anto Beverly Hills, il camiciaio più lussuoso d'America, lo stile è una sorta di elogio dell'imperfezione.

Made to measure è la linea che Giorgio Armani dedica agli uomini in cerca di stile. Il proprio.

Questo libro vi regala un po' di storie, un po' di indicazioni e nessun indirizzo, qualche osservazione, alcune valutazioni, numerosi suggerimenti per stare nel mondo alla ricerca della qualità della vita.

Buona lettura e buona fortuna.

Claudio Ligas

L'UNIVERSO

quotidiano

La cura di sé

Nel terzo millennio la cultura dell'edonismo è imperante;
il gentiluomo, tuttavia, dovrà attenersi
anche a regole di stile e, quindi, alla cura dei dettagli.
Cura di sé significa attenzione e rispetto verso voi stessi.
Arrivano con prepotente frequenza immagini di corpi
abbronzati artificialmente o tatuati di figure o scritte.
Il gentiluomo è semplicemente se stesso, non ha bisogno
di additivi e indossa i capi più adatti al proprio fisico.

Barba e capelli

Una puntata dal barbiere può essere un vero lusso, ma anche un buon investimento. Ultimamente si stanno diffondendo corsi di specializzazione in barberia presso molti parrucchieri. Interessante retrospettiva degli anni Cinquanta.

Se decidete di non tenere la barba, deve essere ben rasata.
Se invece scegliete di incorniciare il volto con la barba, dovrete tenerla sempre curatissima.

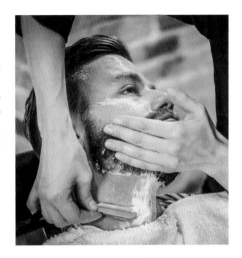

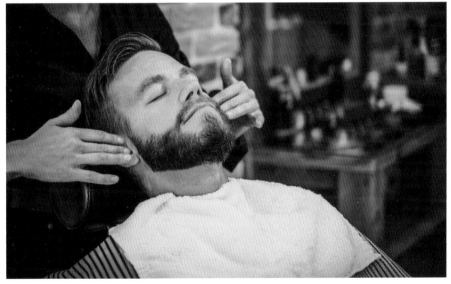

L'uomo di stile ha i capelli sempre in ordine e non eccessivamente lunghi. Se siete soggetti a calvizie, non sottoponetevi ad antiquati escamotage come il riporto, con l'imbarazzante effetto vela in caso di vento, o il parrucchino: esasperereste, enfatizzandolo, ciò che vorreste nascondere.

La brillantina è da evitare, così come il pettine in pubblico. Un tempo accessorio indispensabile della dotazione maschile, il pettine era ospitato nel taschino o nella tasca interna della giacca e veniva estratto per ravviarsi i capelli, quasi si fosse davanti allo specchio di casa. Non fatelo mai.

Le **sopracciglia** non vanno toccate: →
siete uomini. Il glabro indotto non fa parte
dell'eleganza maschile.

Le **mani** curate e le unghie
tutte in ordine e della medesima
lunghezza...
↓

← Il **profumo**, scelta
eminentemente
personale,
ha un elemento
fondante:
deve intuirsi,
non sentirsi.

Una rapida occhiata allo specchio di un ascensore per sistemarsi il nodo della cravatta è comprensibile. Una ammirata ricognizione di voi stessi è ridicola.

Il botox, lungi dal diminuire le primavere, dà luogo al grottesco.

← I capelli **sale e pepe** sono più affascinanti
dei capelli tinti, che raramente raggiungono
la tonalità della gioventù tendendo spesso,
invece, al color melanzana.

L'intimo

L'intimo è qualcosa di nascosto, un po' come i sentimenti: entrambi sono molto personali e assolutamente privati.

La **maglietta di cotone**, che ha sostituito la "maglia della salute" delle nonne, deve essere sempre assolutamente bianca e mai consumata, come tutta la biancheria intima, d'altronde. Quella che fa capolino dalla camicia parla di mancanza di gusto, quindi preferite sempre lo scollo a V.

Mutande

Le mutande, sempre al femminile plurale e da cambiarsi frequentemente come ci dice l'etimo latino, non devono mai uscire dal pantalone.

Non entriamo nella scelta di slip, boxer o la via di mezzo, i boxer briefs: ciascuno indossi ciò con cui si sente a proprio agio.

brief

boxer brief

boxer

Calze

Devono essere sempre in ordine e sotto il ginocchio; quelle corte lasciamole agli sportivi. Il vero gentiluomo sceglie la calza di un punto più scura del pantalone.

Appena notate segni di cedimento dell'elastico, non indossatela più: una calza molle è sgradevole alla vista.

Evitate le calze di seta semitrasparenti, pur così in voga ai tempi della Prima Repubblica.

Scegliete fra tinte unite e discretissime punteggiature. Quanto ai colori, la gamma non si allontana da quelli scuri e spenti: nero, grigio antracite, blue-black, testa di moro.

Fuori moda, ormai, anche la combinazione bermuda e calze lunghe: l'ha dismessa pure la nostra gloriosa Marina Militare. I fantasmini mai!

Pigiama

Il pigiama, dal farsi *payjiama*, cioè «indumento per le gambe», è una specie in via di estinzione; peccato, perché conserva ancora un gran fascino. Immaginatevi lo stesso signore in boxer e T-shirt oppure in pigiama, magari non chiuso fino al collo. I migliori sono quelli di purissimo cotone con giacca abbottonata e pantaloni comodi ma aderenti. D'estate possono avere maniche corte e calzoncini. Meno eleganti e più sportivi quelli di flanella a felpa con pantaloni stretti alla caviglia. I puristi lo scelgono di seta, mai di satin lucido che fa molto soubrette. Il colore del pigiama è per antonomasia l'azzurro, magari con i bordi a contrasto e le cifre che (mai sulla flanella) sono sempre affascinanti. Sono ammesse anche le righe, ma è meglio optare per colori tranquilli.

Di solito chi sceglie il pigiama ama anche la vestaglia: quella di cachemire costituisce un abbraccio caldo e raffinato. L'accappatoio non è una vestaglia e non deve essere il suo alter ego.

La camicia da notte maschile, con il collo alla coreana e tre o cinque piccoli bottoni, è rara e l'uomo che la indossa deve essere molto sicuro del suo fascino, perché il rischio dell'effetto fantasma è dietro l'angolo.

Finito il tempo delle pattine, appena varcata la soglia di casa le pantofole simboleggiano igiene e relax, ma fanno parte dell'intimo, quindi non indossatele mai di fronte a persone che non siano i familiari: sarebbe una palese mancanza di educazione. La pantofola, preferibilmente chiusa, è di pelle nera, marrone o bordeaux, mai di plastica o di spugna, tantomeno con pupazzi e altre fantasie che nulla hanno a che fare con un gentiluomo.

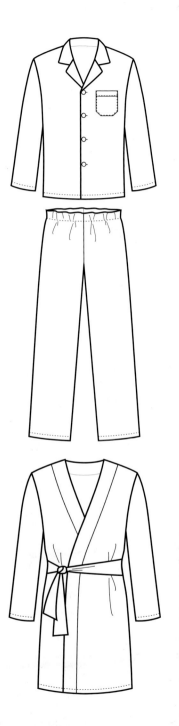

La camicia

Oggi il concetto di pulizia s'identifica
con la cura del corpo.
Nel passato, invece, quando l'acqua era ritenuta
un veicolo di contagio e ci si accostava a essa con estrema
prudenza, il vocabolo "pulito" significava anche "distinto,
a modo, compito, impeccabile, ben educato, adeguato".
L'uomo pulito era anzitutto l'uomo ordinato nell'aspetto,
nei gesti, negli abiti e nella biancheria intima:
la toletta mattutina del Re Sole consisteva in poche
gocce d'acqua sugli occhi, ma il sovrano si cambiava
la camicia almeno sette volte al giorno.
Intorno al XV secolo la camicia s'identifica dunque
con l'igiene e comincia a fare capolino dall'abito
influenzando la moda stessa: le maniche e le vesti
si aprono a spicchi e mostrano il candore della biancheria,
spesso confezionata con tessuti pregiati per mostrare
la raffinatezza, l'educazione e la capacità economica
di chi la indossa.
La camicia nasce quindi come sotto-veste,
come abbigliamento intimo. Tenetelo a mente perché,
se è vero che nelle occasioni informali è consentito
stare in camicia, magari con le maniche arrotolate,
nelle sedi e nelle circostanze ufficiali, nonostante
la disinvoltura di molti esponenti istituzionali, presentarsi
senza la giacca è come presentarsi in mutande.
Allo stesso modo, indossare una camicia stazzonata
è come vestire un capo non lavato: alla corte di Versailles
non avreste avuto scampo.

Destra o sinistra, questo è il dilemma

A destra per gli uomini, a sinistra per le donne: così stanno i bottoni nelle camicie e nelle giacche.

Inconsapevolmente, ogni giorno milioni di persone camminano con questi piccoli promemoria della disuguaglianza di genere sul petto.

La distinzione nella collocazione dei bottoni è una sorta di reliquia di una vecchia tradizione che abbiamo ereditato.

Nelle camicie da uomo i bottoni sono sul lato destro, l'apertura sulla sinistra.

La spiegazione più comune sta nel fatto che gli indumenti degli uomini includevano le armi e, dato che la maggior parte di loro brandiva la spada con la mano destra, era molto più semplice sbottonarsi con la mano sinistra per rendere afferrabile l'arma che veniva sguainata.

Le motivazioni delle abbottonature a sinistra per il gentil sesso sono varie: la più accreditata è quella secondo cui i produttori manifatturieri sfruttavano anche le più piccole differenze negli indumenti per enfatizzare le disparità di genere, quasi fosse una filosofia.

Un'altra teoria, forse più verosimile, parte dal fatto che le signore benestanti non si vestivano da sole. E la servitù, cui spettava il compito di aiutare le padrone a entrare e uscire da vesti elaborate, era per lo più destrorsa.

Le iniziali

Nell'abbigliamento, il ricamo delle iniziali si applica solitamente alla camicia, più raramente alla cravatta o ai fazzoletti.
In passato, le cifre servivano a ritrovare i propri indumenti affidati alle lavanderie o a personalizzare, in mancanza di stemmi nobiliari, gli oggetti d'uso. Oggi la cifratura si è trasformata da strumento d'identificazione a strumento di distinzione, segnalando la produzione artigianale, in serie limitata o su misura di un capo d'abbigliamento o di un accessorio personale.
Le tecniche per ricamare la camicia con le proprie iniziali si riducono sostanzialmente a quelle a mano, con ago e filo per cucire.

Cosa

Va ricamata prima l'iniziale del nome e poi quella del cognome: è la regola. Alberto Rossi avrà quindi le cifre A.R. Non sono ammesse più di tre iniziali, separate fra loro da un punto, a eccezione dei cognomi con l'apostrofo: A.D'A. identifica Alberto D'Anna. In caso di doppio nome o doppio cognome si sceglierà la combinazione usata nella vita sociale. Carlo Alberto Rossi di Murisengo sceglierà fra C.R. (Carlo Rossi), C.A.R. (Carlo Alberto Rossi), C.M. (Carlo Murisengo), C.A.M. (Carlo Alberto Murisengo), C.R.M. (Carlo Rossi Murisengo).

Dove

Le iniziali non si esibiscono. La consuetudine sartoriale le colloca fra il quinto e il sesto bottone dall'alto, spostate verso sinistra di circa 10 cm. Con la giacca indossata le cifre non si dovrebbero vedere. Anche per questo, evitate di cucirle sul taschino o, ancora peggio, sui polsini e sul colletto.

Come

Scegliete un colore che metta in garbato risalto le iniziali sulla camicia: un tono troppo simile del monogramma potrebbe apparire come un'imperfezione del tessuto.
Le iniziali di una camicia realizzate in contrasti più evidenti non sono mai eleganti, mentre iniziali e camicia in nuance sono perfette per gli appuntamenti più formali.

Il colletto

Come afferma Gianni Battistoni, "un bel colletto appare come il sostegno del capo di chi lo porta e quindi, metaforicamente, anche del suo intelletto".
I produttori indicano la circonferenza del collo in due diverse unità di misura, centimetri e pollici, ambedue rapportabili alle taglie casual. In Europa prevale la misura in centimetri, mentre nei paesi anglosassoni quella in pollici, equivalenti a 2,54 cm.
La circonferenza del colletto si misura dal centro del bottone sino al centro dell'asola opposta, aumentata dello spazio necessario a far passare un dito fra tessuto e pelle. Ciò evita l'arricciamento del colletto al momento di stringere la cravatta.
Per comprendere meglio il rapporto tra le diverse taglie e i relativi colletti, ecco una tabella di confronto tra le misure casual, o di vestibilità, e le misure del colletto espresse in centimetri e in pollici.

MISURA CASUAL	MISURA ITALIANA IN CENTIMETRI	MISURA ANGLOSASSONE IN POLLICI
S	37 – 38	15
M	39 – 40	15 ½ – 15 ¾
L	41 – 42	16 – 16 ½
XL	43 – 44	17 – 17 ½
XXL	45 – 46	18 – 18 ½
3XL	47 – 48	19
4XL	49 – 50	20

↑
Il colletto **francese** ha le vele più aperte e più corte, *cutaway*, come lo definiscono i britannici.

↑
Il colletto classico, o **italiano**, ha le vele più chiuse e più lunghe.

La camicia sartoriale ha due stecche estraibili, per lo più di materiale sintetico. Un tempo, invece, le stecche erano di osso di balena, di madreperla o addirittura d'argento, che oggi creerebbe qualche problema con i metal detector. Le tendenze della moda sono variabili, ma un collo largo veste meglio un colletto francese con ampie vele: un modello troppo alto, infatti, farebbe sparire il collo nell'equilibrio della figura. Su un collo più sottile è indicato il colletto classico, più alto, che evita l'inelegante "effetto pollo".

Se volete essere inappuntabili senza cravatta, inamidate il colletto: resterà in forma perfetta.
Se non indossate la cravatta il primo bottone – e solo il primo – va slacciato.

Lo **spazio cravatta**, quello all'attaccatura → delle vele, è pari a zero, salvo che nella tradizione sartoriale napoletana, che lo amplia fino a un centimetro.

I colletti "non classici"

Il **botton down** non vuole la cravatta,
sarebbe un errore da matita blu.
E il primo bottone va slacciato. Sulla camicia
botton down viene applicato il taschino,
essendo un capo informale.

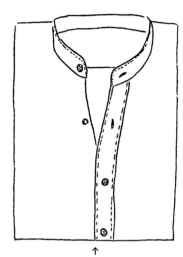

Il **collo alla coreana**, derivato dalle divise dei soldati
asiatici al tempo della guerra di Corea (1950-'53),
è senza vele: può essere elegante in estate,
magari con una giacca di lino, o fuori dai pantaloni
se la camicia ha una bella stondatura.

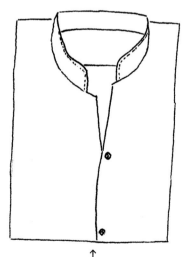

Il **colletto alla guru** è, su chi lo sa portare,
straordinariamente elegante. Anche questo
è stato veicolato in Occidente da una guerra:
lo indossava con particolare eleganza
il presidente afgano Hamid Karzai.

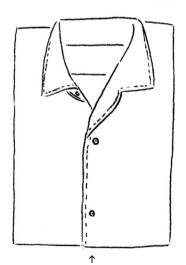

La camicia **caprese**,
dalla Marina di Capri, ha una sciallatura
a doppio tessuto che consente
di indossarla aperta come una giacca
a revers ampi.

← **Polsini** e **colletto** sono le parti più delicate di una camicia. Sono, infatti, soggette alla frizione continua provocata da orologio e collo/barba, che determina un deterioramento del tessuto, in particolar modo lungo i bordi. Un tempo il rimedio era drastico e prevedeva la sostituzione delle parti usurate con un paio di polsini e un colletto nuovi. Se il vostro camiciaio è in grado di fornirvi colletto e polsini di ricambio, ricordate di lavarli ogni tanto insieme alla camicia per uniformarne l'evoluzione del colore. Oggi le disponibilità economiche da un lato e il costo relativo di una buona camicia dall'altro hanno favorito il cambio dell'intero capo e non solo di parti di esso.

Il **polsino**, una volta → abbottonato, deve essere comodo ma non lasco. Deve uscire di un centimetro dalla giacca e l'altezza deve essere compresa tra 6 e 7 centimetri. Se il collo ha il doppio bottone, lo avrà anche il polsino.

Il colletto destrutturato ha l'eleganza della levità apparente, che lo rende particolarmente adatto a situazioni informali.

Saper abbinare la giacca con la camicia e la cravatta è una questione di stile. Le tinte, oltre alle misure e ai tessuti, sono l'elemento di cui tener maggiormente conto: non mescolate mai più di tre colori diversi facendo in modo che le tonalità della camicia, della cravatta e della giacca siano armoniche. La camicia con cravatta non contempla il taschino!

Le camicie a maniche corte, dette anche camiciotti, assai raramente sono eleganti quindi, se sentite caldo e vi trovate in una situazione informale, potete arrotolare il polsino della camicia tre volte, senza mai scoprire il gomito. Nel momento di indossare nuovamente la giacca, srotolerete il polsino e lo farete nuovamente uscire del centimetro d'ordinanza.

Le vestibilità delle camicie sono due: *regolare*, diritta o con *pince* o con cannoncino, e *slim*, cioè avvitata, più adatta a fisici slanciati. Gli anni Settanta propendevano per le slim estreme, gli Ottanta per camicie più che comode. Oggi la tendenza prevalente è per la leggera sagomatura.

vestibilità
regolare

vestibilità
slim

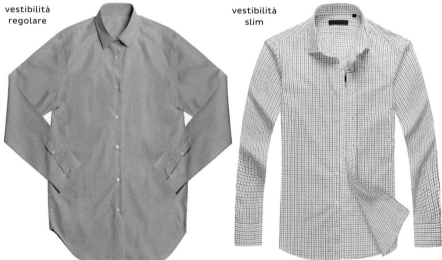

Dentro/fuori

La camicia elegante va portata dentro i pantaloni. In ambito informale, soprattutto d'estate e magari con una scarpa da barca, la camicia fuori dai pantaloni può essere piacevole su una corporatura adatta. La lunghezza deve arrivare sopra il cavallo.

Quale tessuto

D'inverno i tessuti d'obbligo sono l'Oxford con trama armaturata; il popeline, un tessuto di cotone liscio adatto per le righe; il twille, diagonale o spinato; il Royal Oxford, un Oxford a nido d'ape, un rombo all'infinito, leggermente iridescente; la flanella, per tagli molto informali; la seta, raffinatissima, troppo calda per l'estate.

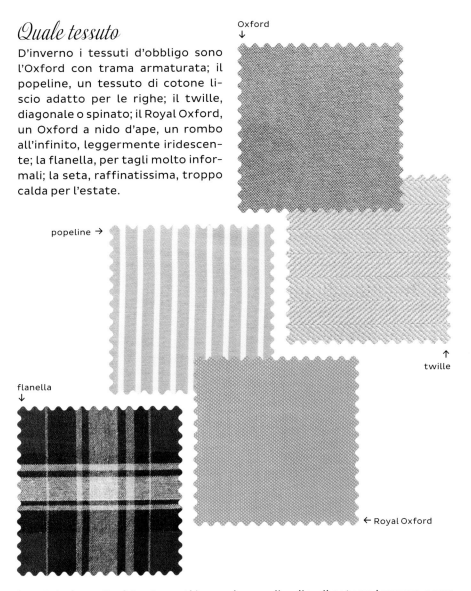

Oxford ↓

popeline →

↑ twille

flanella ↓

← Royal Oxford

In estate la scelta è tra tessuti leggeri come il voile, di cotone leggero e secco, leggermente trasparente, che può essere elegante se di buon taglio; il giro inglese, un tessuto di cotone traforato; lo zephir, di cotone leggero; la mussola – giunta da Mosul, l'antica Ninive assira – un tessuto molto leggero e morbido; il lino grezzo, fresco e traspirante, indicato per capi sportivi diviene, se battuto, anche assai elegante.

I pantaloni

Capo barbaro, si potrebbe definire quanto all'origine,
perché furono proprio le popolazioni del Nord Europa
a farlo conoscere ai Romani che, alla pari dei Greci,
non contemplavano nel loro guardaroba le coperture
tubolari che proteggevano le gambe separatamente:
insolite, forse, ma tremendamente efficaci nei climi più rigidi.

I pantaloni corti fino al ginocchio, detti *culottes*, contrassegnarono l'abito dell'aristocrazia e dell'alta borghesia ai tempi dell'Ancien Régime. Durarono, in ambiti sociali limitati, fin quasi al primo ventennio dell'Ottocento, dopo che la Rivoluzione li aveva relegati a simbolo concreto di un regime dispotico. Sanculotti, cioè *sans culottes*, «senza culottes», si chiamavano appunto coloro che tra l'altro indossavano, in segno di opposizione all'assolutismo, calzoni alla caviglia. Da allora in poi i pantaloni lunghi hanno dominato la scena fino ai giorni nostri, più o meno stretti in ragione del succedersi delle mode.

Il termine francese *pantalone*, con cui si definivano le ampie braghe in uso a Venezia, deriva da una maschera della Commedia dell'Arte: quella del vecchio, ricco e avaro mercante Pantaleo, *Pantalòn* nel dialetto della Serenissima, che nascondeva dietro una scorza ruvida un animo bonario.

Il termine calzone, anch'esso d'importazione francese, sembrerebbe risalire a *caleçon*, «mutanda», a sua volta accrescitivo di *calceus*, che in latino indicava una scarpa o uno stivaletto.

I pantaloni moderni, detti "a tubo di stufa", furono adottati intorno alla metà dell'Ottocento e la tradizione ne attribuisce la paternità all'immancabile Lord Brummell. Da allora sono state apportate solo poche modifiche di dettaglio, come l'aggiunta del risvolto che vide la luce agli inizi del Novecento in Gran Bretagna, sotto l'impulso di Edoardo VII. La pratica sportiva renderà in seguito popolare il capo di abbigliamento anche tra le donne.

Fra calzoni e pantaloni, la nostra preferenza va senz'altro a quest'ultimo termine.

In caso di **bretelle** regolate bene la tensione: devono solamente sostenere il capo e non tirarlo in alto.

Tagli e dettagli

A un uomo di gusto basta un po' di pratica davanti a uno specchio per in-dividuare il taglio che meglio gli si addice, i tessuti più adatti nelle diverse stagioni, la lunghezza della gamba e la caduta del pantalone sulla scarpa, la larghezza dell'orlo, la presenza e l'altezza di un risvolto.

In generale evitate pantaloni troppo fascianti, quasi fossero una seconda pelle, e convincetevi che a ogni età corrisponde un abbigliamento. Inutile cercare di fermare il tempo puntando su tute e scarpe da ginnastica, giub-bottini di pelle, occhiali coloratissimi, camicie sbottonate e jeans attillati.

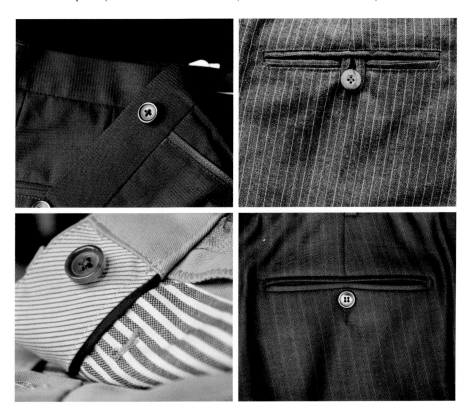

Un buon pantalone ha la fodera fino a metà ginocchio, le tasche di tessuto resistente, la cintura foderata e divisa in più parti per permettere eventuali modifiche della circonferenza, l'orlo rifinito con un battitacco nella mezza circonferenza posteriore per aiutare la caduta a piombo e proteggere il tes-suto dalla frizione sulla scarpa.

Attenzione alle scarpe: nella prova di vestibilità del pantalone calzate quelle a cui lo abbinerete con maggiore frequenza, perché suola e tacchi leggeri fanno "calare" l'orlo di almeno un centimetro e viceversa.

Demodés mais bien chic i bottoni al posto della cerniera. È richiesta un'aggiunta di pazienza.

Il risvolto

Il risvolto è più adatto agli uomini alti, che possono permetterseli di una misura anche importante, fino a 4 cm. Con un bel pantalone, privo della stoffa sufficiente a un risvolto vero, potete anche optare per un finto risvolto che ha bisogno di metà del tessuto e produce il medesimo effetto, per uno sguardo disattento. Le persone di bassa statura possono adottare risvolti meno importanti, fino a 3 cm, badando però a mantenere sempre una ragionevole proporzione con i pantaloni: troppo bassi non funzionano.
Il risvolto non è previsto nell'abbigliamento da cerimonia (tight, smoking, frac, abito scuro da matrimonio ecc.: *vedi* anche pagg. 181-194) né in gran parte dell'abbigliamento sportivo o del tempo libero (jeans, pantaloni multitasche ecc.) sebbene alcuni modelli, quelli di velluto a coste o di fustagno, per esempio, lo portino molto bene, anche con pedule a collo alto.

Le pince

La scelta dipende dal fisico e dalla situazione. I pantaloni con le *pince*, che in Italia e soprattutto in sartoria si aprono verso l'interno e non verso l'esterno, vestono decisamente meglio fisici robusti: gli uomini eccessivamente magri corrono il rischio della "gamba vuota". Al contrario, per un fisico asciutto e una corporatura proporzionata sono più indicati i pantaloni dritti con le tasche a filo, detti all'inglese.

Destinare un po' più di tempo alla scelta dei pantaloni rispetto a quello dedicato alla scelta di una giacca è decisamente utile: li userete almeno tre volte di più.

Il pantalone sartoriale

Il pantalone sartoriale dritto ha la riga e anteriormente deve appoggiarsi alla scarpa facendo una lieve onda. Se ha il risvolto, invece, deve cadere dritto. A differenza del jeans, i pantaloni classici hanno la linea di stiratura che coincide con il centro del collo del piede. Quelli senza la riga della stiratura si appoggiano con maggiore morbidezza, mentre quelli con risvolto dovrebbero cadere più dritti, sempre altezza di suole e tacchi permettendo. L'orlo non è parallelo al terreno, ma ha un'inclinazione che permette alla parte posteriore di appoggiarsi appena sopra il tacco. Per l'ufficio, il pantalone tradizionale rimane il più adatto.

Quanto ai colori, il grigio è di certo il più duttile: inimitabile con un blazer blu, veste bene praticamente con tutte le giacche in tinta unita o a motivi. Due pantaloni invernali e due estivi grigio scuro coprono il 70% delle vostre occasioni professionali e sociali di media intensità formale. Intorno a essi potete far ruotare la gamma cromatica che preferite, ricordando che l'errore può nascondersi non tanto nella scelta del colore, quanto nella sua tonalità: una tinta ardita ma morbida colpisce l'occhio senza confonderlo.

Il gentiluomo non è mai sgargiante: limitate i calzoni in tinta al tempo libero e alle occasioni esplicitamente informali, valutandone attentamente l'effetto con gli altri elementi del vostro abbigliamento. Scoprirete che una combinazione appropriata è in grado di stemperare l'impatto cromatico in misura sorprendente.

Le tasche posteriori dei pantaloni, specialmente di quelli in tessuto leggero, possono essere rovinate da portafogli o portamonete che sollecitino le cuciture: una volta lacerato, il pantalone è da buttare. Il pantalone non dovrebbe accogliere oggetti di spessore. Se proprio non avete una giacca, il primo posto dove alloggiare il portafogli, assai meglio un leggero portabanconote con spazi per una carta di credito e la patente, è la tasca della camicia, in modo da "sentirvelo" addosso; in seconda battuta una delle tasche anteriori del pantalone – nell'altra, giocoforza, un cellulare di dimensioni normali – in coabitazione con il fazzoletto di stoffa che vi deve sempre accompagnare. Sconsigliatissime le tasche posteriori: troppo elevato il rischio di smarrimento o di furto.

Vestire casual

Bermuda

Tipici della stagione estiva, nei modelli classici arrivano sopra il ginocchio e ripropongono pince e risvolto: indossateli con mocassini o leggere scarpe sportive. Sta alla vostra capacità di autovalutazione stabilire se la parte inferiore del vostro corpo sia adatta a indossare il pantalone corto. In questo frangente è richiesto un rigore volutamente eccessivo, poiché la figuraccia è dietro l'angolo: meglio soffrire un po' di caldo che cadere nel ridicolo.

Calzoncini

Si distinguono per le gambe corte a metà coscia e sono meno larghi dei bermuda.

← Lasciando il bianco ai marinai, i bermuda nei colori classici possono essere eleganti se indossati al mare e in occasioni sportive. Ragazzi, ricordate: mai i bermuda al liceo o all'università.

I calzoncini, adatti al mare, → dovrebbero essere indossati da un tipo asciutto e longilineo.

Baggy

Letteralmente "che ha perso ogni forma", sono pantaloni a vita molto bassa che si appoggiano sulle anche. Abbigliamento originario delle prigioni americane, ma sovente mantenuto come cifra distintiva dagli ex detenuti che continuavano a indossarli anche una volta liberi. E proprio per solidarietà li hanno adottati prima gli skater e poi i rapper. Se non appartenete, per stile di vita e per età, a una di queste categorie, evitateli.

Fuseaux

Pantaloni elastici, stretti in vita e molto aderenti, talvolta terminano con un sottopiede che li tiene ben tesi: ottimi per i ballerini di danza classica. I pantaloncini da ciclista, sono pantaloni aderenti, poco sopra il ginocchio: destinati all'utilizzazione che dà loro il nome.

Alla marinara

Con apertura e allacciatura sui due fianchi, sono oggi solo femminili.

Alla pinocchietto

Arrivano fino a metà polpaccio e sono decisamente inguardabili su gambe maschili.

Knickerbocker

Indossati dai primi coloni olandesi del Seicento nelle immagini del libro *Storia di New York* di Washington Irving, sono corti, sotto il ginocchio, ampi e a sbuffo: adottati in Algeria dagli zuavi francesi, oggi appartengono alla montagna e al folclore.

Alla turca

O all'indiana, sono leggeri, molto ampi, con cavallo basso all'altezza all'incirca del ginocchio, e si stringono verso la caviglia: per chi ama la comodità ma unicamente nel privato.

A zampa d'elefante

Molto ampi sulla caviglia, rientrano nelle nostalgie da figli dei fiori: andrebbero evitati.

Alla saltafossi

Sono stretti e terminano sopra la caviglia; sono tornati di moda tra i giovani negli ultimi anni: riservati ai giovanissimi e informali oltre misura.

A vita bassa

Mai se volete essere eleganti!

Jodhpurs

Con un rigonfiamento sulle cosce e solitamente beige: decisamente da circoscrivere rigidamente all'equitazione.

Mimetici

Indossateli solo nelle boscaglie per i giochi di ruolo guerreschi.

Salopette

Fu creata in tessuto denim da Henry David Lee ai primi del Novecento e chiamata "Bill Overall". Nata come abbigliamento da lavoro, è opportuno che tale rimanga. È un pantalone dalle gambe più ampie del normale e con un prolungamento sul busto in forma di pettorina sostenuta da due bretelle.

Di pelle

Rinforzati sulle articolazioni, possono essere indossati solo a cavallo di
una motocicletta.

A sigaretta

Seguono la moda hipster lasciando la
caviglia scoperta e si legano all'inter-
rogativo: "Ti si è allagata casa?".

I jeans

Il gentiluomo che decide di indossare un jeans,
non ne indossa uno qualsiasi. Nel guardaroba può essere
un indumento base purché segua regole ben precise.
Prima di tutto ricordate che va indossato solo
ed esclusivamente per il tempo libero.

La storia di questo capo d'abbigliamento ha inizio sulle banchine del porto di Londra, nel Settecento. Le balle di "fustagno rurale", prodotto come risposta alla crisi del fustagno manifatturiero italiano del Cinquecento, e importate in Inghilterra da Germania e Italia, erano coperte con teli blu segnati come "holmes" se provenienti da Ulm e "jeans" se provenienti da Genova.

Il ruvido tessuto di cotone era già conosciuto dai mercanti del Settecento: utilizzato per coprire le mercanzie navali, era fabbricato nella bassa valle del Rodano, in Francia (*tissues de Nîmes*) e nel comprensorio marittimo della Riviera ligure (*bleu de Gènes*).

Colore per nulla apprezzato fin dalla cultura greca classica, il blu salì prepotentemente alla ribalta nel XIII secolo, grazie al culto della Madonna, di cui divenne il simbolo cromatico. E così il guado di Occitania può colorare di blu i *tissues de Nîmes* che divengono denim e i teli marini di Genova, i *bleu de Gènes*, che divengono poi blue jeans sulle banchine del Tamigi. E infine l'indaco, l'*indigo* importato dall'India nell'Ottocento e che si riesce a ottenere per sintesi dal 1870, diviene il colorante fondamentale per la produzione industriale a costi contenuti.

Ed è proprio nel XIX secolo che da Genova e da Nîmes il tessuto parte per l'America, dove Levi Strauss nel 1873 lo brevetterà con la licenza 139.121; Henry David Lee nel 1911 introdurrà la salopette e la Wrangler nel 1936 aggiungerà l'irrestringibilità con il procedimento *Sanforized*.

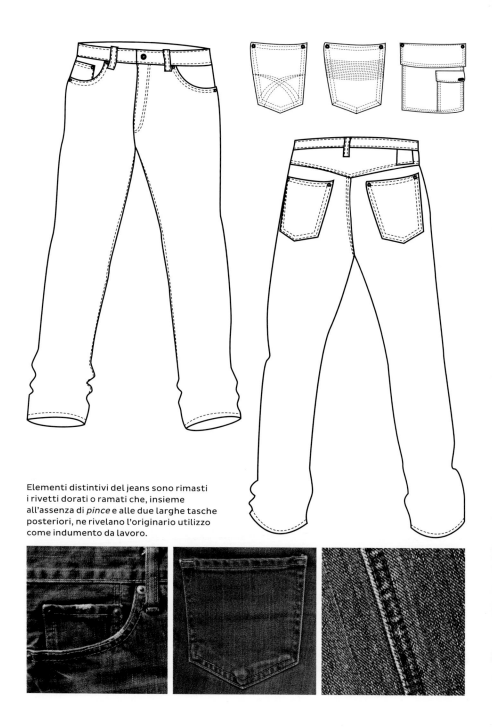

Elementi distintivi del jeans sono rimasti
i rivetti dorati o ramati che, insieme
all'assenza di *pince* e alle due larghe tasche
posteriori, ne rivelano l'originario utilizzo
come indumento da lavoro.

Jeans allora, ma con giudizio. Jeans stinti dall'uso, non *delavé*. Men che meno rotti apposta. Interdetti i jeans macchiati come da uno schizzo di varechina o bicolori o addirittura dipinti.

Evitate quelli a vita bassa e ricordate che sono completi solo se indossati con una cintura sportiva.

Bandite il total denim: pantaloni jeans con camicia jeans o giubbotto jeans non sono consoni.

Se non siete più giovanissimi, evitate di acquistarli stinti dall'uso di qualcun altro e scegliete un rassicurante blu o nero uniformi. La peculiarità è essere *common*, ma un *common* di qualità. Ricordate che più avanti andate con gli anni e meno vi si addicono le produzioni seriali. E le combinazioni offerte dal mercato e dagli stilisti sono assai numerose e variegate nei particolari.

Se avete il "fisico" potete indossare
i jeans con una T-shirt, diversamente
con una polo, con una camicia
e pullover o felpa oppure
con una giacca destrutturata.

Le scarpe da abbinare possono essere sportive "tecnologiche", *desert boots* o anche classici mocassini. Evitate infradito o stringate: opposte forzature ambedue.

Gli arrotolamenti o i risvolti esterni lasciateli ai pescatori. Ed evitate gli sfilacciamenti al fondo perché il pantalone è eccessivamente lungo. L'orlo invisibile è perfetto.

Infine, ricordate che in alcuni paesi di religione islamica il jeans può essere percepito come un segno di simpatia con l'America da non esibire. Può essere utile, alla vigilia della partenza, informarsi presso le autorità competenti sul tipo di abbigliamento eventualmente consigliabile.

Il gilet

Oggi è un po' in affanno ma un tempo dominava la camicia, cui concedeva un risicato spicchio di visibilità. E in un'epoca di progressiva semplificazione, un gilet ben portato sotto l'abito distingue: la postura diventa inconsciamente più posata, più autorevole. Per questo, al di là delle classiche utilizzazioni con le tenute da cerimonia, il gilet potrebbe conoscere una seconda giovinezza nell'abbigliamento quotidiano, anche come efficace protezione da insidiosi colpi di freddo nelle mezze stagioni. Proprio la primavera e l'autunno sono i periodi in cui il gilet dimostra la sua efficacia, risparmiandovi la seccatura di portare un soprabito destinato a pendere dal vostro braccio.

Pertanto, se vi apprestate a ordinare un abito su misura, oltre al doppio pantalone non scordate di aggiungere, nel conteggio dei metri, anche la stoffa per il versatile gilet, che va completamente chiuso a eccezione dell'ultimo bottone in basso.

In mancanza di un gilet dello stesso tessuto della giacca, utilizzerete quelli in cachemire, lana o lana e seta scollati a V, la cui ampia gamma di tinte potrà soddisfare ogni vostra esigenza in fatto di abbinamento. Il modello senza maniche con i bottoni è preferibile a quello liscio perché meno uniforme e più "leggero" alla vista.

Della stessa forma del gilet, ma non appartenenti alla medesima famiglia, sono i corpetti senza maniche di vari tessuti, anche trapuntati, da indossare sopra la giacca in funzione antivento. Fate attenzione alla lunghezza: non è bello vedere fuoriuscire un terzo di giacca. D'estate rischiate di notarlo in sostituzione della giacca, sopra una camicia a maniche corte con cravatta, abbinata a bermuda o pantaloni corti: mai.

La giacca

La giacca, oltre le mode e le tendenze, deve essere un capo ben proporzionato, adeguato al fisico e deve consentire comodità nei movimenti. Dicono sia fondamentale la "prova del tram": quando è necessario alzare il braccio, la spalla e le falde anteriori non si devono alzare dal corpo. L'uomo di stile dovrebbe avere almeno una giacca su misura, di solito un versatile blazer blu. L'autentico "su misura" è il capo che il sarto vi costruisce addosso, risolvendo difetti e asimmetrie del corpo. C'è poi il "su misura" fatto al computer con l'ausilio di misuratori a laser. Quale scegliere? Il taglio artigianale non ha prezzo.

La **lunghezza** della giacca deve arrivare a metà del vostro pollice, naturalmente con il braccio disteso.

La tendenza degli ultimi anni è una giacca morbida e destrutturata da indossare su una camicia senza cravatta, magari senza fodera, nella convinzione di una maggiore vestibilità. Non è paragonabile all'eleganza di una giacca strutturata con le spalle a filo.

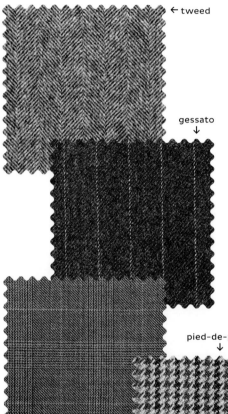

← tweed

gessato
↓

I tessuti adatti per una giacca di stile sono l'intramontabile fresco di lana, il cachemire molto leggero, il cachemire e seta e il cotone leggero o pesante, a seconda delle stagioni. Un'evoluzione del costume in atto tende a far adottare il cotone anche d'inverno.

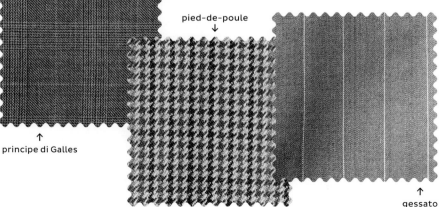

pied-de-poule
↓

↑
principe di Galles

↑
gessato

Il cran, l'angolo che si crea tra il collo e il bavero della giacca, è fondamentale per le proporzioni. Normalmente ha un'ampiezza inferiore a 90° ed è detto "a bocca di pesce".
La sartoria Sciamat ha registrato un cran a 90°: la maggiore ampiezza risulta da un bavero molto generoso che arriva quasi a sfiorare la spalla.
Un cran più ampio avrà quindi il bavero più largo e più lungo che slancerà il busto e viceversa.

cran = 90°

cran > 90°

Il bavero, che la moda vorrebbe piccolo, in realtà andrebbe adeguato alla figura nel suo complesso. La misura media dovrebbe stare tra 8 e 9 centimetri.
Nella tradizione la larghezza del bavero tende a evolversi parallelamente a quella della cravatta.

I particolari della giacca

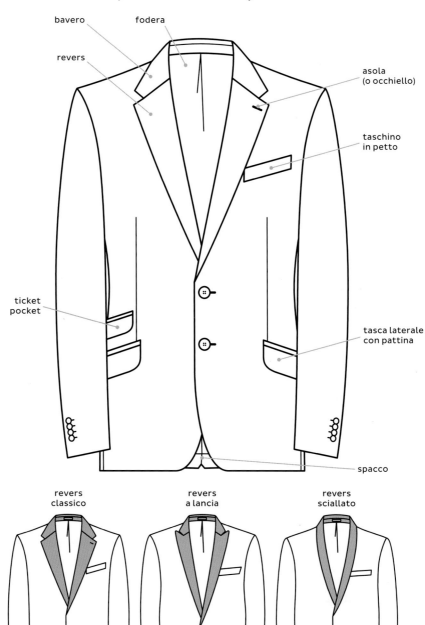

bavero

fodera

revers

asola
(o occhiello)

taschino
in petto

ticket
pocket

tasca laterale
con pattina

spacco

revers
classico

revers
a lancia

revers
sciallato

La giacca monopetto a due bottoni va sempre allacciata quando state in piedi, ma il secondo bottone resta aperto. Sbottonatela quando siete seduti, altrimenti assumerà fattezze innaturali.

La giacca monopetto a tre bottoni avrà il bottone centrale allacciato, facoltativo quello in alto, slacciato l'ultimo. Non allacciate mai tutti e tre i bottoni.

Esiste un finto tre bottoni in cui il primo scompare sotto l'inizio del bavero. Allacciate solo il centrale.

I due spacchi posteriori appartengono all'abbigliamento informale e nascono con le giacche da equitazione. Il taglio cosiddetto "alla cavallerizza", stondato davanti, conferisce alla giacca un'apertura più ampia anche quando è abbottonata. Ricordate che così diventa sportiva.

Il 2x4 o il 4x6 indica i bottoni del doppiopetto che molti uomini faticano ad abbandonare. Allacciatene due quando la giacca ne ha quattro e quattro se ne avete a disposizione sei, otterrete così una perfetta simmetria. Lasciate libero l'occhiello più alto. Il doppio petto possiede una nota d'indubbia eleganza, ma implica un fisico asciutto, un'altezza adeguata e una naturale capacità d'indossarlo. E ricordatevi che è un capo impegnativo da indossare e impossibile da slacciare, pena un pessimo effetto.

Una certezza: il gentiluomo cammina e si presenta con la giacca chiusa.

Il blazer, da *blaze*, che significa anche «brillare», nasce dall'incontro tra la giacca e il cardigan. Sale alle luci della ribalta grazie al duca di Kent; di solito è blu, di cotone o fresco di lana. Le tendenze l'hanno reso portabile anche senza bottoni dorati e soprattutto senza stemma.

Al giorno d'oggi costituisce una gradevole componente informale dell'abbigliamento maschile. Va sempre spezzato, indossato con pantaloni grigi con risvolto; la tradizione consiglia un punto di grigio non troppo scuro per non rendere l'insieme plumbeo. Indossato con una cravatta regimental, costituisce la "divisa" degli studenti anglosassoni. È piacevole con un jeans e il mocassino.

Ricordate che un **abito grigio** di buona fattura batte ogni doppiopetto, blazer, giacca con impercettibili fantasie, per non parlare degli scacchi: insomma batte il resto del mondo.

Fate attenzione alle mode: la giacca corta che furoreggia da un po' di tempo non ha un bell'effetto su corporature massicce. E se proprio dovete indossare una giacca un tantino corta, ricordate che un pantalone di colore non troppo contrastante stempererà la spezzatura orizzontale, limitando i danni.

Sebbene le consuetudini sociali siano soggette a essere progressivamente superate, la giacca tradizionale di taglio e aspetto sobri, senza eccentricità gratuite e dall'impatto rassicurante è ancora una garanzia. D'altra parte, "accendere" una giacca è facile: pochette e cravatte consentono di conferire eleganti accordi cromatici a una semplice grisaglia.

Rifiniture, asole, cuciture e impunture di tinte diverse, dischi di stoffa di colore acceso e altri contrasti cromatici vanno ben dosati e limitati a occasioni del tutto informali.

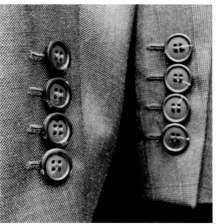

Le asole delle maniche meritano un discorso a parte. Nascono per essere slacciate perché, un tempo, le maniche potevano essere "tirate su". Ora non avviene più, ma il retaggio dell'asola è rimasto. Se sono vere, cioè con l'occhiello libero per il bottone e se sono realizzate a mano con una pratica sartoriale oggi non sempre disponibile, conferiscono alla giacca un segno di raffinatezza che lo sguardo esperto coglie. Mentre non si lascia abbagliare dall'escamotage dell'asola più esterna della manica lasciata distrattamente sbottonata. Ricordate che i bottoni della manica sono lì per essere chiusi.

Gianni Battistoni, a capo della maison fondata a Roma dal padre Guglielmo nel 1946 e oggi conosciuta in tutto il mondo, afferma che «il bottone delle giacche dovrebbe essere cucito a mano con il filo passato a croce nei quattro fori». E aggiunge: «La qualità è un piccolo lusso».

Mai e poi mai le iniziali sulla manica sinistra. Si presume che chiunque sia in grado di riconoscere la propria giacca nell'armadio di casa propria.

Quando vi sedete su un divano, abbiate l'accortezza di tirare leggermente la giacca verso il basso: eviterete l'effetto gobba.

Non intestarditevi ad acquistare "quella" marca di giacca: meglio un capo anonimo ben modellato sul vostro corpo che un sacco griffato.
Se ordinate un abito intero su misura, fatevi realizzare due paia di pantaloni, specialmente se il tessuto è estivo. Alternandoli con continuità prolungherete la durata del capo: una giacca è sempre molto più longeva del pantalone.
Un aplomb perfetto val bene un salto in tintoria.

L'abito

Da giorno, da città, da pomeriggio, da sera…
Un tempo il vestito intero maschile si declinava in più modelli,
tessuti e colori che si adattavano alle diverse occasioni della giornata.
Oggi l'abito scuro copre di fatto ogni necessità formale
– dal lavoro al ricevimento, dalla prima teatrale al matrimonio –
e la maggiore o minore ufficialità dell'evento si riflette,
più che nell'abito, negli accessori: camicia, scarpe, cravatta,
gemelli, gilet, orologio, rosette onorifiche ecc.

L'abito scuro irrinunciabile è grigio fumo di Londra, che meglio del blu si presta agli impegni mattutini nei quali è possibile indossare camicie e cravatte meno rigorose. La massima formalità prevede scarpe nere con lacci, camicia classica bianca con gemelli e pochette anch'essa bianca, cravatta di seta in tinta unita o a piccoli pois nei toni del blu e del grigio.

Per l'estate un abito in fresco di lana costituisce un capo fondamentale che cade con eleganza e non si stropiccia facilmente, poiché la lana, come il cotone, il lino e la seta sono tessuti di origine naturale che traspirano facilmente. Se le vostre risorse finanziarie non sono infinite, mantenetevi sui grigi e sui blu, con l'unica concessione al principe di Galles, che riesce a stemperare la formalità in maniera molto elegante.

Nelle occasioni ufficiali evitate le tinte chiare e i tessuti di lino e di cotone, nonché le calzature informali, le polacchine, le scarpe parasportive o di camoscio.

Quanto allo spezzato, attenzione ai colori. Il più "elegante", ricordando che lo spezzato non rientra in questa categoria, è il tradizionale combinato giacca blu e pantaloni grigi, che si accompagnano a camicia e cravatta classiche. Tutte le altre combinazioni sono riservate agli impegni informali, al mattino e al lavoro quotidiano.

Il mondo del vintage

In anni recenti, anche a causa della complessa congiuntura economica, i negozi di *vintage* sono diventati un importante filone commerciale. I banchi di vestiti usati dei mercatini, nei quali si scavava tra le cataste d'indumenti per trovare l'occasione sono un pallido ricordo dinanzi agli eleganti locali che allineano in perfetto ordine di taglia capi igienizzati, controllati e prezzati.

Il mondo del vintage si divide in due grandi filoni: il primo offre abbigliamento nuovo di epoche passate; il secondo vende l'usato, non d'epoca. E se uno non è proprio patito dei pantaloni a zampa d'elefante e delle giacche alla coreana, è proprio in questo secondo ambito che si possono fare degli acquisti interessanti, specialmente nel settore dei capispalla: soprabiti, cappotti, giacconi e impermeabili. Con un minimo di attenzione e un accurato esame che scongiuri

la presenza di difetti, buchi o macchie indelebili, si possono portare a casa oggetti a prezzi veramente convenienti.

Buone occasioni si trovano anche nel campo della maglieria: provate a chiedere in un negozio un gilet sottogiacca nuovo di color giallo caldo, fino a sette-otto anni fa un elemento irrinunciabile del guardaroba maschile. Non se ne producono praticamente più e l'unico modo per trovarlo con una certa facilità è proprio nei negozi d'occasione.

Quanto agli abiti, particolare cura va riservata ai pantaloni: controllate sempre l'interno del cavallo per valutare lo stato della stoffa e, se amate il risvolto, calcolate se l'eventuale allungamento dei calzoni consente di mantenerlo della misura canonica di 3,5-4 centimetri. Altre buone proposte riguardano gli accessori: occhiali, sciarpe e guanti, cappelli. Le scarpe, al contrario, di solito mostrano un uso spesso eccessivo, con sformature che vanno oltre il "vissuto".

La cravatta è morta.
Viva la cravatta!

Punto di partenza fondamentale: la cravatta non si regala,
è un assoluto personale, quindi l'uomo raffinato deve sceglierla.
Se siete costretti a regalarla,
sceglietela di un'elegantissima neutralità.
La cravatta è un accessorio che racconta di rispetto,
stile e saper vivere maschili.

In genere lana, tessuti operati
e velluti si adattano meglio
a un abbigliamento sportivo.
↓

Le cravatte con stemmi di associa-
zioni, enti o club dovrebbero essere
indossate solo nell'ambito delle attività sociali promosse al loro interno.
Abolite le cravatte con il logo del
fabbricante in vista. La parte anteriore che termina a punta, la "pala",
deve sempre coprire la parte posteriore, il "codino". La cravatta si toglie
sciogliendone il nodo subito: piega e
tessuto vi ringrazieranno. Una volta
entrati in un luogo con la cravatta, la
si deve tenere, comunque.

Saper fare un bel nodo è un'arte

Troppo stretto, troppo largo, troppo corto, troppo piccolo, lasco, spiegazzato... i modi per sbagliare il nodo di una cravatta sono infiniti. Per realizzarne uno perfetto ricordate che:

1 · l'ultimo bottone della camicia va sempre chiuso;
2 · durante l'elaborazione del nodo, il colletto va alzato;
3 · dopo averlo composto, accompagnatelo verso l'alto;
4 · quando l'avete ultimato, riposizionate il colletto
e controllate che l'ultimo bottone della camicia sia nascosto;
5 · controllate che il lembo più grande arrivi alle cintura
ma non la superi;
6 · stringete il nodo;
7 · centratelo.

Un tocco in più si ottiene con una piccola fossetta nella cravatta; per crearla posizionate un dito sotto al nodo prima di stringerlo, in modo che faccia una piega, e poi stringetelo. Se è riuscita, la fossetta sarà centrale.

Tipi di nodo

Semplice

Il suo nome dice tutto. Rapido ed efficace, veste tutti i colli di camicia, è universale e facile da portare. Viene anche chiamato nodo *four in hand* oppure "nodo da regata". Per l'aneddotica, il nome *four in hand* verrebbe da un nodo utilizzato dai cocchieri per fissare le redini di un tiro a quattro di cavalli oppure dal nome di un celebre club londinese, il *Four in hand*, che avrebbe reso celebre il nodo.

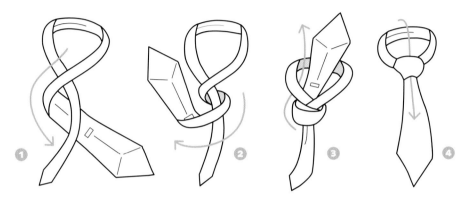

Pratt

È un nodo di cravatta piuttosto originale. Simile al Windsor ma meno largo, è stato inventato da Jerry Pratt ma reso popolare da un celebre presentatore televisivo americano, Don Shelby. Nato negli anni Ottanta, va indossato con camicie a collo aperto all'italiana. La cravatta non deve essere né troppo spessa né troppo sottile: 60 g sono un buon peso. Un consiglio: iniziate con la cravatta al contrario.

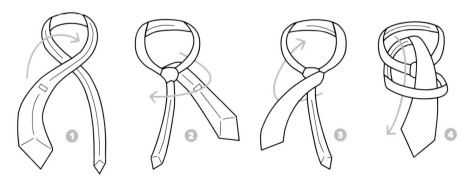

Nodo piccolo

Un classico per tutti i giorni, molto semplice da realizzare. Ideale per i colli abbottonati e stretti, per cui bene il collo all'italiana, e per le cravatte molto spesse, come quelle in seta di più di 70 grammi. Il risultato è un piccolo nodo stretto che ha come unico difetto quello di sciupare le cravatte, visto che le spiegazza molto. In voga soprattutto nell'hipster style.

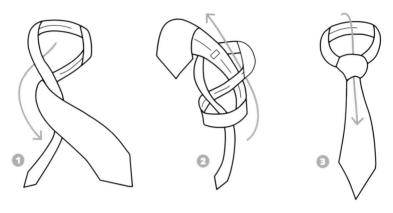

Onassis

Uno splendido nodo, semplice da realizzare. Per un effetto eccellente è necessaria una pinzetta, non facile da procurarsi, da inserire sotto il nodo. Il noto armatore greco Aristotele Onassis ne utilizzava una d'oro. È possibile portare questo nodo anche senza la pinzetta, come se si trattasse di una sciarpa, ma rammentate che non appartiene al mondo del gentiluomo. E infatti molte foto di Onassis lo mostrano con il nodo sfatto. Vantaggio non trascurabile di questo nodo è che sciupa poco le cravatte.

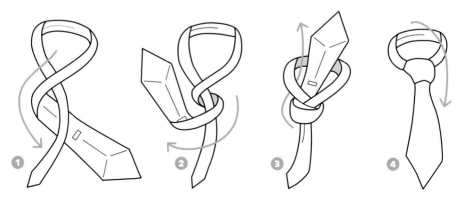

All'italiana

Originale, questo nodo è come "spezzato" in due parti. È un nodo ricercato sia per la sua foggia inedita sia per il fatto di non essere centrato. Conferisce un aspetto rilassato a chi l'indossa, ma fate attenzione a che l'effetto finale non sia sciatto. Sembrerete meno oppressi dalla vostra cravatta, conservando il vostro stile e l'eleganza della seta pura.

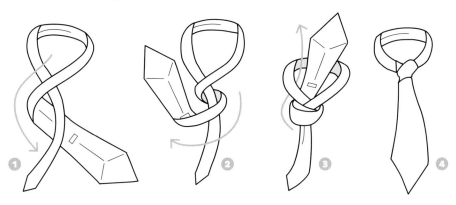

Doppio semplice

Perfetto per tutti i giorni, facile da realizzare e molto elegante. È lo stesso modello del nodo semplice, il *four in hand*, ma con un giro in più. Si porta con tutti i colli di camicia ed è consigliato con cravatte sottili.

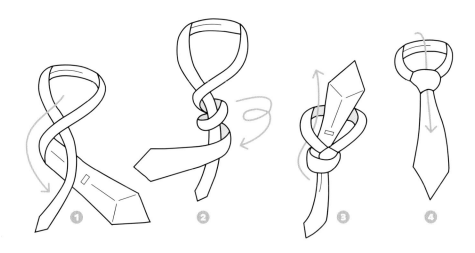

Windsor

Un nodo molto spesso, grande e triangolare. È il nodo delle grandi occasioni. Si porta perfettamente su camicie con collo all'italiana, per via del suo volume. La cravatta non deve essere troppo spessa ma compresa tra 60 e 70 grammi. Scegliete una cravatta lunga e un gilet: questo nodo utilizza gran parte della cravatta, che rischia così di non raggiungere la cintura. Un nodo odiato o amato, senza mezze misure.

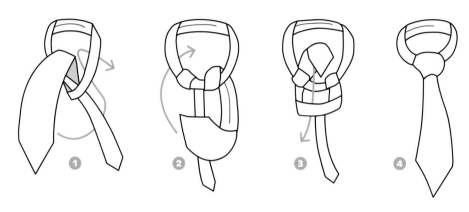

Mezzo Windsor

È un nodo adatto per tutti i giorni. È meno grosso e spesso del cugino Windsor, da cui differisce anche per la sua asimmetria. Si porta perfettamente con camicie con il collo all'italiana.

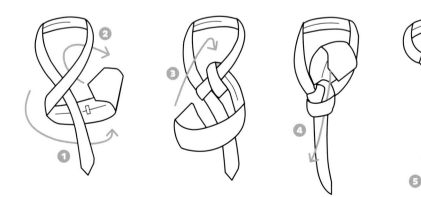

Il papillon

La differenza fra "vestire uno smoking" e "subire uno smoking" sta proprio nell'accessorio che fascia il collo: la cravatta a farfalla (o farfallino o papillon), troppo spesso indossato nel formato prêt-à-porter, ossia con il fiocco già conformato appeso a una striscia di raso elasticizzato.

Varrebbe la pena di ritagliarsi un po' di tempo davanti allo specchio per provare e riprovare un'annodatura che non è facilissima, ma che una volta metabolizzata (lo capirete quando saranno le vostre dita a "vedere" i movimenti della stoffa) segna lo spartiacque fra la naturalezza e l'affettazione.

Il finto nodo è troppo perfetto, troppo rigido, troppo simmetrico: è come la scrittura al computer rispetto a un esercizio calligrafico. Il vero papillon distingue e segnala, specie quando, a ricevimento concluso, l'atmosfera di tollerata informalità consente di slacciarsi la cravatta e di far cadere i due lembi sul petto. Molti non lo potranno fare, e non certo per un estremo rispetto all'etichetta.

Quanto al modo di annodare il papillon, su internet ci sono moltissimi siti dove la pratica è spiegata benissimo. Basta avere un po' di pazienza.

Evitate i lunghi ascot annodati come fossero una cravatta, mentre gli ascot sotto il collo della camicia costituiscono ancora un segno di eleganza nelle occasioni informali.

Maglie e maglioni

Un vero gentiluomo non indosserà mai un capo in maglia
scolorito, liso, deformato, senza elasticità o con le "palline"
dovute a una qualità scadente o all'incedere del tempo.
Fanno eccezione le tenute da campagna, nelle quali l'affezione
e il comfort possono prevalere sul lato estetico.
Un tempo la maglieria era destinata unicamente al tempo libero
e alle attività sportive, magari con lo stemma del club
di appartenenza. Ora il signore la indossa anche in altre situazioni,
non certo istituzionali, magari a girocollo con la camicia
button down, ma sotto la giacca sportiva o, se non procura fastidio,
con un affascinante dolcevita molto adatto a riparare
il collo nelle giornate fredde.

Lo scollo a V è un'evoluzione del gilet, mentre la combinazione pullover, giacca e cravatta è faticosa alla vista.

Il gilet può essere molto utile sotto la giacca, ma richiede un look omogeneo con gli altri capi di abbigliamento per non conferire un approccio demodé.

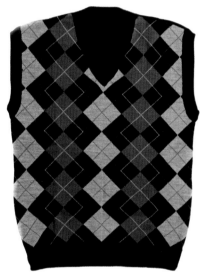

Il cardigan, che vive mode alterne, non sostituisce la giacca ma è pratico perché può essere slacciato in caso di cambiamenti di clima. Il cardigan sciallato è adatto unicamente alla campagna e alla montagna.

Senza entrare nel merito della maglieria, suggeriamo il cachemire, anche a un filo solo, perché è caldo, elegante e piacevolissimo al tatto, la lana grossa è adatta all'aperto e non in ambienti chiusi mentre la maglieria di cotone è adeguata alle serate estive. I colori sgargianti nella maglieria maschile lasciamoli alla pop art.

Fazzoletto e pochette

Di stoffa, di stoffa e ancora di stoffa.

Il fazzoletto

Una volta il fazzoletto faceva parte della normale dotazione di ognuno, senza distinzione di condizione sociale: poteva essere di tessuto economico o di pregiata batista di lino con cifre a ricamo. Una volta. Oggi vederlo estrarre dalla tasca è quasi un avvenimento, in ragione del primato del cartaceo usa e getta. Riappropriatevene e imparate a gestirne il ricambio: con una dotazione di una dozzina di fazzoletti potete consentirvene il ricambio quotidiano, ché il suo aspetto deve sempre rimandare all'idea di pulizia e di freschezza di stiratura. Al mattino, il prelievo del fazzoletto dovrà essere automatico: individuate una porzione di cassetto dove il vostro sguardo dovrà posarsi. Porgetelo con disinvoltura a una signora in lacrime: fra le dieci confezioni di fazzolettini di carta che appariranno, la rassicurante consistenza del cotone avrà un plus di fascino.

I fazzoletti bianchi sono i più indicati, ma anche quelli con leggerissime bordature in colore partecipano con grande raffinatezza al coordinamento cromatico fra i vari elementi dell'abbigliamento.

La pochette

Il classico fazzoletto da taschino, in genere, è di batista di lino con orli fatti a mano, rigorosamente bianco. In tale foggia si adatta a tutte le tenute di media e alta formalità, dall'abito scuro al frac. La sua funzione è di spezzare, con una squillante nota di colore, la partitura uniforme della tenuta intera. Per questo, oltre al bianco, sono ammesse tutte le combinazioni cromatiche che si legano, per analogia o per contrasto, al tono complessivo del vostro abbigliamento: il fazzoletto diviene allora lo snodo, il raccordo e la sintesi cromatica del vostro vestire quotidiano.

Non esagerate, tuttavia, con l'uso di fazzoletto da taschino o di pochette: con un abbigliamento informale possono apparire un segno di eccessiva ostentazione.
Ricordate che sul cappotto, ancorché dotato di tasca, il fazzoletto non si esibisce.
Quanto alla maniera di portarlo, i sistemi di piegatura sono numerosi (*vedi* pagina seguente).

In commercio esistono parure composte da cravatta e pochette dello stesso disegno: compratele pure, a patto di non indossarle mai insieme. L'unica duplicazione ammessa è quella con la camicia per cui, se avete occasione di farvene una su misura, approfittate dell'occasione per ordinare anche il fazzoletto coordinato.

Pochette: sistemi di piegatura

Quadrata

Prevede di piegare il fazzoletto in quattro, poi ancora in tre parti e poi ancora a metà, facendolo infine spuntare per circa 2-3 cm dal taschino. Lo stesso effetto si ottiene piegando il fazzoletto a metà, da sinistra a destra, e poi ancora da sotto a sopra, badando di non arrivare fino all'estremità.

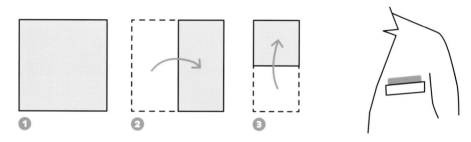

A triangolo

Facile e intuitiva è anche la piegatura a triangolo, col vertice che esce dal taschino, mentre quella con tre o quattro triangoli richiede un poco di esercizio.

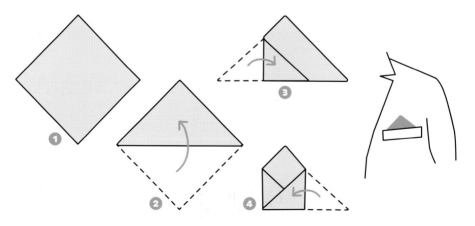

A sbuffo

Più effervescente è la piegatura a sbuffo, che si ottiene prendendo il fazzoletto al centro, pareggiando gli angoli, piegandolo quindi a metà e infilandolo nel taschino facendone uscire gli angoli.

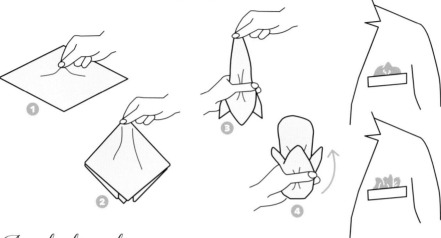

A coda di rondine

Di stampo antico è la piegatura a coda di rondine, che si ottiene semplicemente piegando il fazzoletto prima in quattro, poi a triangolo e poi ancora a triangolo, divaricando leggermente le due punte che usciranno dal taschino.

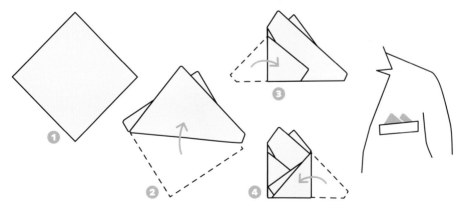

> **ATTENZIONE** alle dimensioni della *pochette*, alla profondità del taschino e alla presenza, nella tasca interna sinistra della giacca, di oggetti che potrebbero alterare la perfetta aderenza del fazzoletto.

Gli accessori di pelle

Portafogli

Il portafogli è una sorta di biglietto da visita: non deve essere troppo vissuto.
Venne introdotto con la diffusione delle banconote: prima, infatti, si usava-
no borse assicurate alla cintura con delle stringhe di cuoio o a tracolla. Il portafogli moderno, con tasche e scompartimenti, fa la sua comparsa verso la
metà del Novecento anche in ragione della diffusione delle carte di credito.
Il gentiluomo lo usa di pelle; la forma non è rilevante, deve essere congeniale
alle necessità personali. Dovrà contenere le banconote e le carte di credito,
qualche biglietto da visita e poco più. Non sopporta colori sgargianti, eccezion
fatta per le occasioni sportive, alle quali è ammesso anche quello di nylon con
la chiusura a strappo di velcro, particolarmente in voga negli anni Settanta.
Le monete non si agitano rumorosamente nelle tasche, ma vengono riposte
in appositi portamonete, auspicabilmente più sottili di un portafoglio.

Una custodia per carte
di credito può essere
funzionale se il portafogli non
ha scomparti per ordinarle.
Lo stesso vale per i documenti:
separarli evita lo strike
in caso di furto.
↓

↑
Appariscenti
quelli di coccodrillo
e rettili vari,
più rassicurante
la pelle non troppo
delicata marrone,
blu o nera.

L'agenda

Sembrerebbe obsoleta nel mondo digitale, ma un uomo che scriva appunti e appuntamenti in una bella agenda può sprigionare fascino. Fondamentale che sia sempre in ordine ed elegante la copertina di pelle. L'agenda è come la penna stilografica o i modelli d'epoca dei veicoli, auto o motociclette che siano: più impegnative da utilizzare ma di percettibile eleganza.

I guanti

Il fascino dei guanti non ha tempo. Quelli più eleganti sono di pelle o di camoscio, nei toni del nero o del tabacco. Devono essere sempre in ordine e puliti.
I guanti di lana sono sportivi, quelli termici sono da moto o da montagna, le muffole... non vanno prese nemmeno in considerazione. Per la sera privilegiate quelli di pecari, color grigio perla.

Alcune regole fondamentali

- Innanzitutto sfilatevi il guanto destro e tenetelo con la sinistra quando entrate in una casa, in un ufficio o in altri luoghi in cui è necessario avere la mano libera. Per il gentiluomo, a differenza della signora, la stretta di mano deve essere "nuda". Dopo aver salutato, toglietevi subito anche l'altro guanto.

- Se avete entrambe le mani impegnate, evitate di addentare i guanti per sfilarveli: appoggiate ciò che ve le occupa e toglieteveli.

- I guanti vanno riposti quando togliete il cappotto: se lo lasciate in un guardaroba, ricordate d'infilare i guanti in una tasca.

La cintura

Il gentiluomo deve portare gli accessori di pelle sempre in ordine perfetto e, soprattutto, mai consumati. In passato la cintura veniva usata anche per distinguere il grado civile, religioso e commerciale. E ha conservato anch'essa la particolare tradizione delle allacciature dei bottoni nell'abbigliamento: la fine della cintura, dopo la fibbia, è sul lato destro per le donne e sul lato sinistro per gli uomini.

Di gran lusso o sportiva, la cintura ha il compito di sostenere i pantaloni, oltre a quello ornamentale, quindi non deve stringere né essere eccessivamente morbida.

Le misure sottoindicate si riferiscono alla cintura allacciata al terzo buco. I fori sono solitamente cinque. Ricordate che la cintura deve attraversare sempre tutti i passanti del pantalone.

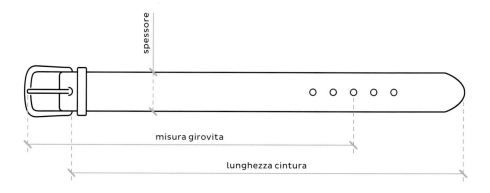

UOMO	SMALL			MEDIUM			LARGE		XXL	
TAGLIA	42	44	46	48	50	52	54	56	58	60
GIROVITA	75 cm	80 cm	85 cm	90 cm	95 cm	100 cm	105 cm	110 cm	115 cm	120 cm
MISURA TOTALE	90 cm	95 cm	100 cm	105 cm	110 cm	115 cm	120 cm	125 cm	130 cm	135 cm

Le cinture di tessuto per pantaloni di cotone, fustagno o velluto non sono più attuali. Quella intrecciata deve essere confezionata molto bene, altrimenti è meglio rinunciarvi, e comunque accompagna solo un abbigliamento informale. Le cinture con pellami di rettile sono più adatte ai cinturini da orologio.

In linea di massima il gentiluomo, per essere elegante, deve abbinare il colore della cintura a quello delle scarpe e mantenerlo comunque nello stesso range di colore. I colori più consoni sono il marrone e il nero. Per un abbigliamento molto sportivo il cuoio è un'opportunità.

La fibbia non deve essere vistosa e tantomeno con il logo della griffe ostentato. L'altezza della cintura maschile oscilla fra i 3 e i 4,5 cm e dipende ovviamente dalla complessione fisica.

Le bretelle

Le bretelle nascono nel Settecento e si diffondono durante la Rivoluzione francese. Chi le sa portare ha un delta di fascino aggiunto. Negli anni Settanta erano d'obbligo con il gilet, oggi c'è meno rigore sull'argomento.

Le bretelle più raffinate e funzionali sono quelle con le estremità occhiellate, solitamente in cuoio da abbinare al colore delle calzature, che si fissano ad appositi bottoni cuciti all'interno della cintura dei pantaloni e che garantiscono una tenuta orizzontale perfetta, senza imbarcamenti al centro. Ovviamente, se non avete i bottoni dovete aggiungerli, due coppie anteriori e una posteriore, ma ne vale la pena.

Quelle con le clip, certamente più semplici da indossare, richiedono una più accurata regolazione. Senza giacca, più portate in alto la forcella posteriore a Y, più le spalle ad attaccapanni, cioè cadenti, vi ringrazieranno.

Da evitare le bretelle intrecciate. Anche la cintura sostiene, ma spezza il fisico, mentre le bretelle, se ben calibrate, accompagnano la figura facendo restare il pantalone impeccabile. Possono risultare un favore agli amanti della buona tavola.

Le bretelle con i jeans sono una forzatura, mentre quelle a righe o a piccole fantasie possono andare in un contesto molto informale.

Gli occhiali

In passato, chi portava gli occhiali dava la sensazione
di aver studiato molto e di essere un intellettuale...
Oggi non è più così. E anche la foggia è cambiata: finalmente
la robustezza si coniuga con la leggerezza, e naso e orecchie
ringraziano ripensando alle massicce appendici dei nostri nonni
e padri. Un paio di occhiali adatti può migliorare l'immagine
maschile: può dilatare occhi piccoli, mascherare difetti,
conferire un'aria più autorevole, matura e vissuta.

Anche gli occhiali possiedono un codice d'uso. Controllate la pulizia delle lenti prima di uscire per non ritrovarvi, magari seduti a tavola, a tentare di rimediare con il tovagliolo. Peggiorerete sia la visibilità che l'integrità delle lenti e verrete meno a una delle norme di compostezza dello stare a tavola. Per quanto riguarda la foggia, optate sempre per forme che non vi facciano sembrare mosche o fanali, perché gli occhiali non sono facilmente intercambiabili come una cravatta: per un periodo più o meno lungo saranno parte determinante della vostra immagine.

Se non avete con voi le apposite salviette, adoperate il fazzoletto che, come avete letto nella sezione dedicata, non deve mai mancare nell'abbigliamento quotidiano dell'uomo elegante.

La montatura

Gli occhiali con una sottile montatura di metallo o senza montatura intorno alle lenti influenzano meno l'immagine del volto. Più la montatura è spessa, più gli occhiali saranno dominanti. Evitate colori particolarmente arditi: il vero gentiluomo deve essere credibile, rassicurante e mai succube delle ultime tendenze.

Il gentiluomo non metterà gli occhiali sulla testa come un cerchietto o a metà fronte nell'attesa di usarli nuovamente.

Modelli da sole

Quando vi relazionate con altri, toglietevi sempre gli occhiali scuri. Si chiamano "da sole" non a caso: servono a proteggere dal sole per cui non vanno indossati la sera e in luoghi chiusi.

Se hanno le lenti graduate, portatevi sempre la sostituzione con lenti chiare. Le lenti scure che si applicano alla montatura, specialmente quelle basculanti un po' *rétro*, sono ammesse soltanto quando guidate e devono restare in automobile.

Sono invece raffinati gli occhiali pieghevoli da sole, anch'essi di gusto antiquato, che conoscono oggi una nuova giovinezza e che offrono il vantaggio di un minimo ingombro. Solo in casa o in ufficio (mai in società!) userete gli occhiali con attacco magnetico al centro e stanghette a collare. Anche cordoni e catenine da collo sono da evitare. L'occhiale è l'unico accessorio ammesso in spiaggia.

Modelli rétro

Sono tornati in uso anche i *pince-nez*, gli ottocenteschi occhiali senza stanghette le cui lenti sono unite da una molla che le tiene ferme sul naso, e i monocoli, detti anche "caramella" per la loro forma a pasticca.

L'unico modo per portare i modelli rétro è con disinvolta naturalezza: indossarli in maniera ingessata o affettata significa camminare bendati sul ciglio del ridicolo.

L'orologio

L'orologio segna il tempo della vostra vita e insieme la rivela:
quindi deve essere un segno di voi e del vostro stile.
Oltre all'oro, bianco se proprio volete ma senza pietre preziose,
al platino e all'argento, l'orologio contemporaneo per l'uomo di stile
si veste di ceramica o di carbonio, di alluminio o di resine sintetiche.
Gli ultimi decenni hanno visto la diffusione di materiali
tra i più diversi uniti a una scrupolosa ricerca di leggerezza
che tende a integrarli in un accurato design.

orologio
con lunetta

orologio meccanico
di precisione

orologio classico
e piatto

Quale scegliere

L'orologio va scelto in base a diversi criteri, perché spesso è l'unico accessorio, sia pure inteso come gioiello, che l'uomo indossa per esprimere la propria personalità: va deciso quindi in relazione al proprio carattere e all'occasione. Se ci si sente filosofi, ci si può permettere il meccanico di precisione fino ai *grand complication*.

Con un abbigliamento formale un orologio piatto è più elegante. Per una serata "come eravamo" potete riesumare l'orologio classico e piatto che vi avevano regalato alla Prima comunione.

Con un abbigliamento sportivo è opportuno un orologio in linea con le prestazioni. Chi pratica frequentemente gli sport sceglierà un orologio subacqueo, eventualmente con cronografo. Occhio al coefficiente di impermeabilità: "water resistant" inciso nel fondello indica solo che l'orologio tollera una pioggia leggera, qualche spruzzo d'acqua, una nuotata non agonistica. Con un water proof disponete di un esemplare effettivamente subacqueo, dotato di corona, fondello e pulsanti serrati a vite e testato singolarmente per una pressione di almeno 10 atmosfere.

Un vezzo potrebbe essere rappresentato da una cipolla legata al passante del pantalone con una catenella: fondamentale saperla indossare. È un po' come il baciamano: se non vi sentite sicuri di saperlo fare, evitatelo. Se invece vi sentite pronti per *Doctor Jekyll and Mister Hyde* sappiate che ne esiste un tipo intercambiabile, un trasformista da portare sia con il cinturino sia con la catenella.

Le dimensioni giuste

L'orologio, comunque, deve essere "maschio", mai piccolo, anche se chi lo indossa non è un "armadio a tre ante". Naturalmente non deve debordare dal polso, diventerebbe ridicolo, e deve seguire la regola base della misura del rapporto con la corporatura: l'uomo elegante ha l'obbligo di essere coerente con se stesso. Con un metro da sarto misuratevi la circonferenza del polso: intorno ai 17 cm orientatevi su 40 mm di diametro della cassa.

Le scarpe

Un tempo l'identità sociale si leggeva nell'abito, che traduceva
con estrema precisione il rango e la posizione rivestita.
Nella nostra epoca restano solo le scarpe, come dicevano
le nostre nonne, a fare di un uomo una persona elegante
e a inviare inequivocabili segnali di stile, qualità, valore.
La destrezza degli artigiani calzaturieri in Italia
ha una lunga tradizione: cucire a mano una suola, distendere
un pellame e addirittura infilare i lacci a una calzatura
sembrano movimenti coreografici di danza. Le forme
di legno disposte in fila sono lo strumento su cui lavorare.
La manifattura esprime la coerenza che deve esserci
tra lo stile e la sua destinazione.

Senza entrare in eccessivi dettagli, sappiate che le misure statunitensi, britanniche ed europee seguono questa tabella di conversione:

Europa	38	39	40,5	42	43	44	45	46	47
USA	6	7	8	9	10	11	12	13	14
GB	5	6	7	8	9	10	11	12	13

È d'obbligo un paio di scarpe in pelle liscia e con allacciatura chiusa, che negli Stati Uniti si chiamano Balmoral o Bal, modello Oxford. Nel colore nero, sono le uniche ammesse con le tenute da cerimonia, dai matrimoni in abito scuro al frac.
↓

Una variante meno rigorosa dell'Oxford presenta decorazioni sulla punta e sui lati ed è forse più adatta in marrone. Il modello Derby, Blucher in Gran Bretagna e negli Stati Uniti, si differenzia dall'Oxford per l'allacciatura leggermente aperta e un carattere meno classico, sebbene egualmente formale.
↓

È indispensabile avere un paio di mocassini → di pelle nera e un paio di pelle marrone, da scegliere nelle tre varianti principali.
Il modello Loafer, di forma allungata e con una cucitura decorativa sulla mascherina, costituisce un'alternativa al modello Derby.

Le Tassel loafer, con le nappine, si abbinano → con un abbigliamento non eccessivamente formale.
Le Penny loafer, decisamente sportive e indossabili anche senza calzini, fanno risalire il proprio nome all'abitudine, in voga negli USA degli anni Cinquanta, di nascondere nella linguetta una monetina da un cent, utile per l'ultima chiamata da un telefono pubblico.

← Una variante più formale del mocassino è costituita dalla Monkstrap, la scarpa di pelle liscia con la fibbia che riecheggia nel nome la chiusura dei sandali dei monaci.

← Non può mancare un paio di mocassini estivi in pelle scamosciata, con o senza nappina. Sceglieteli nei toni del marrone scuro: si abbinano felicemente con quasi tutti i colori.

Per le occasioni informali e la → campagna è necessario un paio di scarponcini leggeri scamosciati con la suola in para, il classico modello desert boot.

È opportuno avere a disposizione un paio di scarpe sportive (non tecniche, però), che sceglierete nell'infinita gamma di offerte presenti sul mercato. Non esagerate con i colori: mantenetevi entro uno spettro di disinvolta sobrietà.

Il **calzante** è d'obbligo
per garantire una lunga vita
alle vostre scarpe.

Le scarpe senza calze non s'indossano mai con gli abiti
interi o con gli spezzati eleganti. Evitate anche i fantasmini che, fuoriuscendo dal bordo della calzatura, rappresentano
plasticamente l'antitesi dell'eleganza: se proprio non sopportate il
contatto della pelle nuda con la fodera, usate le calze.
La ciabatta non è contemplata dal gentiluomo.

La scarpa ha bisogno di manutenzione. Fate sempre attenzione che quella
destra non sia evidentemente consumata sul tacco dall'acceleratore. Puli-
tele periodicamente e cercate di riporle nella scarpiera con le forme interne
per un mantenimento accurato. Preferite spazzola, creme e olio di gomito ai
lucidatori istantanei, che utilizzerete solo in caso di emergenza.

Il capospalla

Il cappotto

Scegliete la lunghezza che più si addice al vostro stile di vita e alle vostre abitudini ricordando che serve per proteggersi dal freddo, dal vento e dalla pioggia se di buona qualità.

Quanto al modello, valutate bene le esigenze lavorative e sociali: il monopetto con bottoni coperti, l'evoluzione cittadina del loden, per intenderci, funziona perfettamente anche per impegni di media intensità formale, specialmente se grigio scuro o blu.

La lunghezza 3/4 è pratica per chi va spesso in macchina e per l'uso frequente dello scooter con l'annesso coprigambe rimovibile, utilissima invenzione del Novecento.

Cappotti di taglio più classico, invece, sono necessari per cerimonie rigorose. Un colore amato dai gentleman che si accorda con tutto è il tradizionale verde loden, un capo per tutti i giorni e di ampia versatilità. Il paletot cammello rappresenta, invece, il classico "terzo capo", da acquistare quando nel guardaroba si ha più di un cappotto, perché non si presta per la sera o la formalità.

Occhio anche ai cappotti con la cintura: spesso non dona e dovrete sempre prevederla, aggiungendo più un fastidio che una comodità.

Per il resto, le proposte sul mercato sono talmente numerose che la ricetta vincente è sceglierlo soprattutto in base al fisico e allo scopo, senza scadere in tendenze modaiole con spalle imbottite da rugbista o bottoni prepotenti. Colui che indossa il cappotto è in procinto di uscire, lo toglie in ambienti chiusi dove decide di sostare, mentre, se lo tiene addosso, vuole trasmettere di essere nuovamente in uscita.

Ricordate, infine, che il cappotto non ammette né pochette, anche se è presente un taschino, né rosette onorifiche, a eccezione delle fasce da Sindaco.

Il giaccone

Nel 1965 Steve Gulyas, colonnello in pensione dell'aviazione americana, stabilitosi con la moglie Edna a Tostock, in Gran Bretagna, cambiò il modo di concepire la giacca da caccia e poi da equitazione, introducendo sul mercato l'inconfondibile trapuntato di nylon – molto apprezzato anche dalla monarchia britannica – che da allora si chiamerà Husky, come la razza del cane che accompagnava Steve nelle sue uscite campestri. Tra i molti pregi ne ha uno non da poco: si può lavare in lavatrice, essendo nato per sport in cui la natura poteva fare danni. Da allora – ma da noi arrivò una ventina d'anni più tardi – il classico giaccone da tempo libero si è evoluto in una serie pressoché infinita di modelli, tutti accomunati da un alleggerimento stilistico e da una forte perdita di peso e di grossolanità nelle linee e nei colori.

Nelle sue molteplici declinazioni, il giaccone oggi è il capospalla disimpegnato che non stride neppure con l'abito scuro, svolgendo un ruolo di ottimo compromesso per uno stile dinamico e pratico.

Preferite i colori sobri, meglio se il classico blu scuro, che si adattano a tutte le occasioni.

L'impermeabile

In inglese l'impermeabile viene chiamato *trench*, per ricordarci che il capo antipioggia è nato nella stagione della Grande Guerra con il nome di *trench coat*, traducibile con "soprabito da trincea". Era destinato agli ufficiali britannici e statunitensi (noi ci accontentammo della mantellina e del cappotto, entrambi di panno) e fece la fortuna di molte famose manifatture d'Oltremanica. Il taglio militare dell'impermeabile classico (le inconfondibili controspalline sembrano attendere le insegne di grado) si mantenne anche nel dopoguerra e in ambito civile, delineando un capo che, sebbene con le varianti dettate dalle mode e le attualizzazioni, costituisce ancora oggi un abbigliamento indispensabile nel guardaroba dell'uomo elegante.

Lo Slipon o *raincoat* è un tipo d'impermeabile che denota stile, fatto con un tessuto di gabardine e la manica a raglan, cioè attaccata con cuciture disposte a raggio a partire dalla base del collo, molto comoda per i movimenti. Altra particolarità e raffinatezza di questo modello di impermeabile è l'abbottonatura nascosta; i modelli tradizionali hanno persino un'ampia tasca interna per contenere e non bagnare il giornale.

Oggi la tendenza sembra privilegiare la portabilità e la leggerezza, incarnata dal modello monopetto con spalle lisce, lungo fino al ginocchio. La moda accorcia le lunghezze a discapito dello stile e della praticità: attenzione ai capi troppo corti, che potrebbero non riparare bene in caso di pioggia e vento. Quanto ai colori, preferite le tinte della tradizione con i toni dell'avorio e del crema, le *nuances* brunite, il blu, che ben si adattano anche ai tessuti più tecnici. Sì agli impermeabili imbottiti, avendo però l'accortezza di adeguare il grado di protezione al clima nel quale saranno indossati. In altre parole, sconsigliamo nelle città del Centro-Sud l'uso di cappucci ornati di pelliccia che sanno tanto di Tenda Rossa e del dirigibile *Norge*.

Occhio anche ai materiali, che prima di tutto devono essere resistenti all'acqua; quelli più economici, inoltre, producono spesso l'effetto omino Michelin.

Il cappello

Fino agli anni Trenta non indossarlo era come
andare in giro incompleti. Bombetta, cilindro, basco e panama
sono ormai piuttosto desueti.
Il cappello, nelle sue molteplici fogge e diversità di materiali,
era il complemento ineludibile dell'abbigliamento maschile
e possedeva una serie di codici d'uso che oggi non sono
quasi più osservati. Basti pensare a quante persone si vedono
con cappelli da baseball calcati in testa, persino a tavola.
Ormai il gentiluomo contemporaneo è a capo scoperto:
il cappello per uomo è il classico Borsalino a tesa larga.

← **cilindro**

bombetta o **bowler**
↓

← D'estate spazio a tutte
le sfumature del **panama**,
anche se è più indicato
limitarne l'utilizzo
ai momenti informali.

coppola o **golf cap** →

↑
Il cappello è elegante e distingue,
ma bisogna saperlo portare
e anche togliere.
Puntate sul classico modello →
Borsalino, meglio se in due
varianti di colore, ricordando
che si può trovare anche
in formato ripiegabile da tasca.

Alcune regole fondamentali

- In presenza di una signora dovete sempre togliervi il cappello e restare a capo scoperto.

- Se invece incrociate una signora per strada e non vi fermate, vi limiterete a un leggero tocco della tesa, della visiera o della calotta con le dita e inclinerete leggermente il capo.

- Anche se incontrate un altro signore procedere con le stesse modalità sarà elegante.

- Il cappello non va indossato in un ambiente privato, in ascensore, in chiesa, al cinema, a teatro, nei musei e... in macchina. Il galateo, che è parte della logica, indica che al chiuso il cappello non serve. Mentre, quindi, una signora può tenerlo, perché fa parte de "la mise" e talvolta scompiglierebbe l'acconciatura, il gentiluomo è tenuto a seguire le regole del buon vivere togliendoselo.

- Si può tenere il cappello entrando in un grande magazzino, in un negozio o in un bar per prendere un caffè in piedi, anche perché è assai difficile trovare un posto dove appoggiarlo.

Portadocumenti, valigetta da lavoro e trolley

I portadocumenti, le cartelle di pelle di una volta o le *attachées* hanno subito una rapida evoluzione in seguito all'avvento di PC portatili e tablet, ora ospitati in scomparti specializzati. Se usate spesso i mezzi pubblici, è preferibile una borsa piuttosto rigida che possa essere poggiata a terra restando in equilibrio. Non vi affezionate: una borsa troppo vissuta non è chic, è solo triste.

La scelta di una valigetta da lavoro va ponderata attentamente, perché contribuirà a definire la vostra immagine pubblica e professionale. Il marrone e il nero sono rassicuranti, il cuoio scuro conferisce un tocco di dinamismo.

Il trolley

Il trolley, forma abbreviata di *trolley case* («valigia a carrello»), è lo strumento indispensabile per chi viaggia, soprattutto in aereo. Attenzione al peso a pieno carico e alle dimensioni come bagaglio a mano: molte compagnie low cost sono implacabili nei controlli. Di solito ha due scomparti e, proprio per mantenere l'abbigliamento in ordine, andrebbe preparato a piani sovrapposti e non riempito senza criterio.

Lo zainetto

Lo zaino, lasciate le montagne o le scuole, rinasce e trova nuove funzioni in anni recenti con l'avvento di PC e iPad. Ed ecco che questo accessorio diventa pratico, lineare e capiente ma, soprattutto, tecnico.

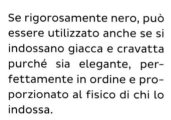

Se rigorosamente nero, può essere utilizzato anche se si indossano giacca e cravatta purché sia elegante, perfettamente in ordine e proporzionato al fisico di chi lo indossa.

Non salite mai in treno o in aereo con lo zainetto in spalla: negli spazi ristretti, urtare i passeggeri seduti è statisticamente inevitabile e sicuramente poco garbato. Lo stesso vale per tram, autobus e mezzi pubblici.

La valigeria

Ingombri, volumi, pesi, servitù, facchini, cambi d'abito:
non sono poi così lontani i tempi in cui viaggiare significava
portare con sé interi pezzi di vita domestica.
Oggi i grandi bauli verticali attrezzati appaiono come
bizzarri residui di un mondo lontano: la parola d'ordine
è l'essenzialità, il necessario. Anzi, lo stretto necessario.
Da portare con sé nella maniera più comoda..

Leggerezza, resistenza e ordine sono i fondamentali. La sacca di pelle, o di materiali tecnici, possibilmente scuri, è sufficientemente elegante. Del resto, la scelta è soggettiva e le valigie, che sono anche un regalo sempre gradito, si consumano e vanno cambiate abbastanza spesso per non dare l'impressione di trascurare se stessi.
Le valigie di pelle vanno avvolte nella loro guaina protettiva di flanella, mai in buste di plastica, perché la pelle deve respirare. Le valigie più piccole riposte dentro quelle più grandi faranno risparmiare spazio. Uno stick di sapone, adagiato nella valigia prima di chiuderla, rilascerà un piacevole profumo di pulito.

Ventiquattrore, overnight bag, quarantottore

È una valigia di piccole dimensioni che deve contenere comodamente: una camicia con eventuale cravatta; un cambio personale; un pigiama; un paio di scarpe in caso di pioggia, un piccolo *nécessaire*, gli effetti personali.

As usual, bandite i colori sgargianti salvo che non siate o non vi sentiate dei "giovin signori". E comunque fate in modo che si presenti sempre perfettamente in ordine, senza angoli consumati o superfici rigate.

In alcune occasioni si può optare per un portabiti attrezzato: struttura semirigida capace di contenere due o tre abiti appesi alle rispettive grucce, un paio di camicie, scarpe di ricambio, biancheria intima e *nécessaire* da toilette. Dotati di manico e di ampia cinghia da spalla sulla piegatura garantiscono la sopravvivenza per un fine settimana lungo con annesso impegno formale.

Qualche consiglio pratico

- Sì ai sacchetti di plastica per rag-gruppare la biancheria intima.

- I jeans vanno arrotolati, mentre pie-gherete gli altri pantaloni al di sotto del ginocchio; in alternativa, stende-te i pantaloni sul fondo e lasciate la parte in eccesso fuori della valigia: li ripiegherete alla fine, a chiusura di tutti i capi.

- La giacca non va mai abbottonata: sovrapponendo il lato destro a quel-lo sinistro, i capi normolinei manter-ranno la piega.

- Le scarpe vanno messe in valigia av-volte in sacchetti di morbido panno (in subordine in buste di plastica); per non deformarle, infilatevi dentro le calze: avrete così guadagnato spazio.

Il gentiluomo con la valigia

Appena arrivate in albergo, o comunque a destinazione, sfilate i capi ripo-sti nei sacchetti e ridate loro la stiratura giusta appendendoli in bagno e fa-cendo lavorare il vapore caldo. Lasciate le cinture lunghe anziché arrotolate, occuperanno meno spazio. In tutte le valigie si formano dei vuoti in cui po-tete inserire gli oggetti piccoli. Per economizzare lo spazio mettete scarpe e oggetti nella parte più vicina alle rotelle. Nelle tasche della valigia mettete i cosmetici ed eventuali medicinali. Non dimenticate la targhetta con le vo-stre generalità e indirizzo. Ricordate che libri e scarpe sono gli oggetti che solitamente pesano di più. In viaggio un libro non letto è affascinante, scarpe nuove e non collaudate possono essere un incubo. Lasciare vuoti alcuni spazi sarà molto utile se desiderate fare acquisti nel corso della trasferta.

Ombrello e bastone

Un ombrello da dieci euro dura poco più di dieci minuti:
il segreto di un buon parapioggia sta nella qualità
e nella robustezza dei componenti. Lasciate perdere gli acquisti
per strada e concentratevi su prodotti di buona manifattura,
gli unici che potranno garantirvi una lunga durata.
Tenete conto che i meccanismi di apertura a molla, ancorché
di grande comodità e rapidità, sono più soggetti a usura.

Gli ombrelli **tascabili**
vanno scelti con calotta
abbastanza ampia,
120 cm di diametro almeno,
per poter offrire riparo
a un'altra persona.

Ricordate di lasciare un ombrello robusto e di dimensioni generose nel baule dell'automobile e abituatevi a consultare le previsioni meteo prima di uscire di casa o fare un viaggio.

Fate attenzione nell'aprire o chiudere ombrelli bagnati, specie se hanno i congegni a molla: il rischio di una doccia a chi vi sta vicino è in agguato. Il vostro ombrello andrà tenuto per il manico morbidamente seguendo con naturalezza il movimento delle braccia.

Per quanto riguarda i bastoni da passeggio, al di là delle funzioni di sostegno alla deambulazione, i modelli variano dai leggerissimi ipertecnologici ai rassicuranti classici, con pomi di metallo, avorio o altri materiali di pregio; oggi sono diventati oggetti da collezione e solitamente ospitati in portaombrelli o rastrelliere lignee.

Il **puntale di ferro** che li fissa sul terreno può essere ricoperto da un tappo di gomma per l'uso cittadino.

Non usateli per passeggiare se non siete più che "compatibili" nella postura, negli accessori e nell'abbigliamento: con il loro fascino passatista il rischio è di apparire sontuosamente ridicoli.

Utili invece i bastoni a sgabello d'impronta golfistica britannica, che possono trasformarsi in seggiolini di fortuna e che trovano nella campagna la loro destinazione naturale. Se li trovate, ma non sarà così semplice, possono trasformarsi in un regalo originale e di stile.

La penna

Roller, penne a sfera o stilografiche, a cartuccia
o a inchiostro liquido? Scegliete lo strumento che "sentite"
istintivamente a voi più consono, a seconda delle occasioni,
più comodo alla presa e più fluido nel tratto.

È innegabile comunque che una penna stilografica di dimensioni contenute
e da portare sempre con sé nella giacca possieda un fascino ineguagliabile.
Richiede tuttavia molte attenzioni e, come un'auto d'epoca, può perdere
qualche goccia.

Quanto agli altri sistemi di scrittura, considerando che i prodotti sul mercato garantiscono in genere un ottimo funzionamento, la vostra scelta sarà
di ordine squisitamente estetico. Non trascurate l'alternativa di un elegante
portamine con punta di media durezza: fa molto "creativo".

La marca, la forma, il peso e la misura
del **pennino** sono sempre il frutto di scelte
personalissime, perciò non regalate
mai una penna stilografica senza
una preventiva e discreta
azione d'intelligence.

Lo sport
e il tempo libero

Mens sana in corpore sano, «mente sana in corpo sano»,
dicevano, a giusta ragione, i latini.
L'esercizio sportivo richiede del tempo libero da dedicarvi.
Talune discipline conservano un carattere elitario,
altre si sono ampiamente diffuse.

L'uomo sportivo deve trovare il giusto compromesso fra l'incessante evoluzione dei materiali, delle forme e soprattutto dei colori dell'abbigliamento specialistico e l'opportunità di indossare indumenti commisurati all'età, al genere di attività praticata, agonistica o amatoriale, e rifiutare lo sgargiante a ogni costo. E non neghiamo la nostra fascinazione del bianco per molti sport, elegantissimo.

Tuta sì o no?

Le tute, molto comode, sono destinate all'attività sportiva in generale. L'uomo elegante non le indosserà mai per andare dal giornalaio, al supermercato o a sbrigare commissioni, men che meno se i suoi capelli tendono più al bianco che al nero. In casa è ammessa, meglio di cotone che di acetato, ma non per ricevere, anche informalmente.

Scarpe

La scarpa da ginnastica o le sneakers, simili alle prime ma più curate esteticamente, sono indossate nel tempo libero e vanno vissute con misura: mai con l'abito intero o in occasioni formali. E se anche una certa moda di tendenza le propone, sappiate dire: «No, grazie!».

Costume da bagno

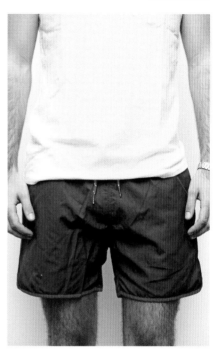

Il costume da bagno va indossato unicamente in spiaggia o in piscina.

Se va al bar o, ancor più, al ristorante ma anche al chioschetto che si affaccia sulla spiaggia, il gentiluomo indossa una camicia o una maglietta e lo stesso faranno i bambini. Naturalmente, la testa di grandi e piccoli sarà libera da cappelli, cappellini, berretti o visiere.

La canottiera equivale al petto nudo, ma è ancor meno elegante.

Per quanto riguarda il modello del costume, sceglietene uno adeguato al vostro fisico, senza esagerare: i tanga lasciateli agli spogliarellisti. Un costume a calzoncino proporzionato – dopo i trent'anni quelli lunghi da surfisti sono imbarazzanti, così come oltre i diciotto la mutanda che fuoriesce dal costume è ridicola – nasconde meglio i difetti del quarto inferiore. Pancia e altre imperfezioni, purtroppo, non sono alla sua portata.

Sahariana

La sahariana è una giacca sportiva che rimanda a safari, savane, animali in libertà e a Ernest Hemingway. Oggi è un capo tornato alla ribalta, un po' rivisitato, ma sempre destinato al viaggio e non alla città come cercano di suggerire invece i trend setter.

In genere di colori naturali, è pratica, con quattro tasche a soffietto e pattina con bottone per chiuderle; cintura interna e spalline la rendono un capo unico ma rigorosamente da viaggio e certamente non da safari metropolitani.

Vita

DI

RELAZIONE

Il biglietto da visita

Il biglietto da visita si affermò in Italia alla fine del Settecento
e il suo nome è legato al complesso sistema delle visite di cortesia,
d'obbligo, di presentazione, di restituzione e di congedo.
Accanto a questi aspetti di carattere personale si andò
consolidando, specialmente negli ambienti artistici del XIX secolo,
l'uso del biglietto quale veicolo di più ampia diffusione del nome
e delle "specialità" di pittori, scultori, incisori e botteghe.
Nel 1878, raccontando la sua visita alla tomba di Mazzini,
il ventunenne Filippo Turati tra le altre cose scriveva:
«Ho gettato dentro il cancello il mio biglietto da visita,
come un discepolo zelante [..]». E, nel maggio del 1915,
trecento deputati lasciarono il proprio biglietto presso la casa
romana di Giovanni Giolitti, per sostenere la sua azione
in favore della neutralità dell'Italia.

Poiché il biglietto da visita parla dello stile del titolare, diffidate delle offerte *low cost*: la dotazione completa dell'uomo elegante prevede infatti varie tipologie. Ecco le principali.

Biglietto da visita →
professionale, da
utilizzare nell'attività
lavorativa.

DOTT. CLAUDIO LIGAS

CAPO DELL'UFFICIO III
DELLA DIREZONE GENERALE DEL DEMANIO

PIAZZA ROSMINI, 21   TEL. 011 99887744
10122 TORINO   E-MAIL: c.ligas@demanio.it   FAX 06 99887751

← **Biglietto da visita**
personale,
con le generalità
e l'indirizzo di casa.

DOTT. CLAUDIO LIGAS

VIA DEL PINETO, 1   TEL. e FAX   011 4455665
10122 TORINO   E-MAIL: claudio.lig@inmail.it

Biglietto da visita privato →
con busta su misura,
su cui sono stampati
solo il nome e cognome,
perfetto per accompagnare
doni, omaggi, documenti.

CLAUDIO LIGAS

Cartoncino personale,
grande di solito 13,5 x 7,5 cm,
con il nome del titolare in alto a sinistra:
è l'ideale per un breve testo,
per frasi di circostanza e di augurio.
↓

Michele D'Andrea

Eventuale **cartoncino coniugale**
riservato alle comunicazioni di coppia:
nome del marito + nome della moglie
+ cognome del marito.
In caso di coppia non sposata,
o se la donna è conosciuta socialmente
con il proprio cognome, possono comparire
entrambe le generalità.
↓

MARCELLO E LAURA LOMBARDINI

Come si usa?

- Il biglietto da visita **non si firma mai**, perché il nome del titolare c'è già.

- Il biglietto da visita, in teoria solo quello privato, ammette **una frase sintetica** di saluto, di ringraziamento o di precisazione: "Cordialmente", "Come d'accordo", "Ecco quanto richiesto", "Grazie per la bellissima serata" sono alcuni esempi. Se il testo è più lungo **non scrivete sul retro**, ma utilizzate il cartoncino personale.

- Il biglietto da visita **non si dovrebbe sbarrare**, perché il tratto di penna finisce per enfatizzare ciò che si vuole omettere. Tuttavia, poiché in Italia il segno di penna sul titolo accademico è diffusissimo, cercate di limitarlo a destinatari con cui avete confidenza.

- Quando ricevete un biglietto da visita, **non mettetelo subito via**. Soffermatevi per qualche secondo sul suo contenuto con espressione interessata, volgete lo sguardo sul vostro interlocutore e solo allora riponetelo: in termini di rapporti personali, questo semplice gesto di attenzione ha un valore importantissimo.

Misure e caratteri di stampa

Le misure standard dei biglietti da visita, espresse in centimetri, sono:

- **7,4 x 4,5 cm**, in uso nel mondo anglosassone e assai pratico;

- **9,7 x 5,9 cm** o, in linguaggio tipografico, "formato 7";

- **10,6 x 6,7 cm** o, in linguaggio tipografico, "formato 4";

- **13,5 x 8,5 cm** o, in linguaggio tipografico, "formato 9", utilizzabile anche per i cartoncini personali.

Ecco una panoramica dei caratteri tipografici maschili più diffusi.

Edmond About — Kuenstler Script

TEMPO PERDUTO NEL FARE — Engravers

ASPROMONTE MILARDI — EcuyerDAX

10122 TORINO-CORSO PRINCIPE EUGENIO, 42 — Florencesans

Inviti e risposte

Un invito a cena o a pranzo?
Gli eventi formali hanno un nome, rispettano un orario
e prescrivono un abbigliamento.
Nel linguaggio cerimoniale in uso in Italia, le occasioni
conviviali durante le quali gli invitati mangiano seduti
si definiscono "colazione", se iniziano tra le 12.30 e le 13.30,
e "pranzo", se iniziano tra le 20 e le 21.
Quando il servizio è invece *à buffet*, in piedi o con tavoli
d'appoggio, l'occasione prende il nome di "ricevimento",
a sua volta articolato in lunch, cocktail e cena.

VITA DI RELAZIONE

	NOME	ORARIO D'INIZIO	CARATTERISTICHE
RICEVIMENTO	COLAZIONE	12.30-13.30	Ospiti seduti con servizio al tavolo, spesso anche con piazzamento.
	PRANZO	20-21	
	LUNCH	13-13.30	Ospiti in piedi, con o senza tavoli d'appoggio. Buffet ed eventuali camerieri che servono a braccio.
	COCKTAIL	18.30-19 20.30-21	
	CENA	20-20.30	Ospiti in piedi, ma con una maggiore presenza di tavoli d'appoggio ed eventuali tavoli riservati con personale dedicato. Buffet e camerieri che servono a braccio.

INVITI E RISPOSTE

Caratteristiche dell'invito

L'invito contiene le indicazioni sull'abbigliamento richiesto, da seguire scrupolosamente. Se non possedete o non fate in tempo a noleggiare una tenuta da cerimonia, tight, smoking o frac, rinunciate a partecipare: violare il codice dell'abbigliamento significa una grave mancanza di rispetto nei confronti di chi vi ha invitato.

Se l'invito è privo d'indicazioni riguardo alla tenuta vestite l'abito scuro.

Se l'invito è scritto in inglese, troverete *black tie* o *dinner jacket* per indicare lo smoking, *white tie* invece se vi vogliono in frac (*vedi* capitolo pagg. 181-191).

La risposta all'invito

L'invito impegna l'ospite nell'orario, nell'abbigliamento, nella modalità di partecipazione, individuale o in coppia, nella risposta.

Confermate o declinate tempestivamente: se l'occasione prevede un piazzamento, avere in tempo il quadro completo degli intervenuti è essenziale per assegnare il giusto ordine di precedenza.

Comunicate la risposta per telefono o per e-mail. Preferite senz'altro la seconda, che lascia comunque una traccia consultabile. Se usate il telefono, chiedete sempre con chi avete parlato.

La corrispondenza

Ecco alcune indicazioni generali utili
per un approccio corretto alla stesura di una lettera
o di un'e-mail a vostra firma.

- Non vi sforzate troppo nella ricerca di un buon esordio: "egregio" per gli uomini e "gentile" per le signore coprono quasi l'80% delle esigenze della corrispondenza normale.

- Se scrivete a chi presiede un organismo, esordirete con "Signor Presidente" o, se la carica è detenuta da una donna, "Gentile Presidente". Lasciate perdere "illustre", "illustrissimo", "esimio" ecc.

- La firma, da secoli, chiude un documento: apponetela in basso a destra, poco sotto il testo. Se è accompagnata dalle vostre generalità scritte a macchina, la firma va posta sotto di esse, mai su di esse. Nome e cognome devono risultare perfettamente leggibili.

- La data va collocata in alto a destra.

- Non scrivete lettere troppo prolisse.

- Prima della firma chiudete con un tipo di saluto a seconda del grado di confidenza.

- La vostra carta da lettera (così come i cartoncini e i biglietti da visita) deve avere le buste coordinate (a misura, dello stesso colore e dello stesso materiale). Fogli che galleggiano e arlecchinate sono una fra le cose meno eleganti a vedersi. Piuttosto rinunciate alla lettera e mandate un'e-mail.

Formule di chiusura

INTERLOCUTORI GENERICI, INFERIORI O PARI GRADO

- Cordiali saluti.
- La saluto cordialmente.
- La saluto con molta cordialità.
- Le invio cordiali saluti.
- Le invio i saluti più cordiali.
- Le giungano i saluti più cordiali.

- Le giungano (o Le giunga),
  [vocativo di rispetto]

- cordiali saluti
- i saluti più cordiali
- molti cordiali saluti
- un memore saluto
  (se ricorda un incontro o situazione pregressi)
- un memore, cordiale saluto

Scrivere un'e-mail

Una necessaria premessa: il gentiluomo contemporaneo non scrive a caso e non fa perdere tempo.

L'e-mail non richiede di organizzare la pagina: i cursori vi guideranno attraverso semplici azioni d'inserimento dati nei campi dedicati, proprio come se doveste compilare un modulo prestampato. Tuttavia, è bene rivedere alcuni accorgimenti legati alla posta virtuale, a partire dalle abbreviazioni più comuni.

- A (*to* in inglese): è il destinatario della comunicazione (o i destinatari, se più persone sono competenti alla trattazione della materia in oggetto). Ricordate che è educazione rispondere, anche solo per conferma dell'avvenuta ricezione e lettura.

- Cc (copia carbone, *carbon copy*): traduce la formula italiana "e, per conoscenza". Significa trasmettere il testo ad altri interlocutori che non sono tenuti alla trattazione diretta della materia ma che è opportuno ne siano informati. I destinatari in Cc non sono tenuti a rispondere.

- Ccn (copia carbone nascosta, in inglese *blind carbon copy*): la comunicazione raggiunge altri interlocutori senza che il destinatario (o i destinatari) del campo "A" ne sia al corrente. I motivi sono principalmente due: una valutazione di opportunità da parte del mittente oppure la salvaguardia dell'altrui privacy. Se il destinatario in Ccn risponde anche agli indirizzi nei campi A e Cc, potrebbe mettere in imbarazzo chi scrive e, comunque, uscirebbe allo scoperto: sarebbe come rivelare una confidenza. Se proprio lo ritenete necessario un utile suggerimento è inviare il messaggio a voi stessi e mettere tutti i destinatari in copia nascosta.

- Mettete sempre l'oggetto, opportunamente sintetizzato, in modo che il destinatario possa scegliere se e quando aprire il messaggio.

- Evitate il segnalatore di urgenza (il punto esclamativo rosso): tutte le e-mail sono posta celere perché arrivano a destinazione quasi in tempo reale. L'allarme non influisce sull'ordine di entrata o sulla priorità di lettura: piuttosto indispone, perché di norma è l'oggetto (e ancor più il contenuto) a fare la differenza.

- Potete esordire in modo formale (Egregio Dottore, Gentile Signora, Reverendo Padre) o informale (Caro Luigi, Carissima Emilia), ma non omettete mai un esordio adeguato al destinatario: state pur sempre scrivendo una lettera.

- Evitate d'iniziare un'e-mail con salve, buongiorno o ciao: sono elementi della conversazione, non della corrispondenza. E a proposito del "salve", evitatelo anche nel linguaggio parlato: dire salve è come non guardare negli occhi l'interlocutore. L'alternativa è fra il lei e il tu, fra il buongiorno e il ciao: il salve rimane nella terra di nessuno.

VITA DI RELAZIONE

- Mantenete l'impostazione tradizionale di una lettera cartacea personale: dopo l'appellativo di esordio, e prima della firma, andate a capo.

- I saluti finali devono essere coerenti con lo stile della comunicazione e la formula d'esordio. "Buona giornata", "buon lavoro", "a presto" sono ottime soluzioni.

- La data non è necessaria, perché appare automaticamente insieme con l'orario d'invio e di ricezione.

- Il contenuto deve essere chiaro, corretto e sintetico; lo stile è formale o informale in funzione della circostanza, né più e né meno come in una lettera cartacea (*vedi* pag. 131).

- Attenti a non considerare il web come la destrutturazione della formalità e dell'educazione: velocità sì, ma sempre controllata. Fate uso degli allegati, che servono anche a non affaticare la lettura. State solo attenti alle loro dimensioni, che potrebbero richiedere forme speciali di trasmissione: la facilità di raccolta dei dati porta spesso alla ridondanza.

- Chiudete sempre il messaggio con il vostro nome e cognome (o con il solo nome se c'è confidenza) anche se il sistema inserisce automaticamente in calce la vostra firma elettronica. È corretto inserire nel "gruppo firma" il proprio numero di cellulare, che svolge anche una rassicurante funzione di trasparenza. È come dire: "Non sono solo un'entità web, ma una persona in carne e ossa".

- Nell'ambiente del web, scrivere in maiuscolo equivale a URLARE; non usate nemmeno parole in grassetto e non spargete sul testo punti esclamativi.

- Molte e-mail partono senza gli allegati annunciati nel testo: abituatevi a rileggere e a verificare, non tanto per evitare la piccola fatica di un nuovo inoltro, ma per una forma di rispetto del destinatario.

Le presentazioni

Poche regole, ma preziose.

1 · Si presenta sempre l'inferiore al superiore, la persona giovane all'anziana, l'uomo alla donna. Indipendentemente dal sesso, il principio non si applica nei confronti di un'alta carica istituzionale o religiosa, di una figura insigne della cultura, di una persona molto avanti negli anni.

2 · Le generalità si scandiscono rapide ma esatte, con qualche breve cenno descrittivo se ritenuto opportuno.

3 · Guardate sempre negli occhi le persone al momento delle presentazioni.

4 · Ci si può presentare da sé ad altri uomini enunciando il proprio nome e cognome e porgendo la destra. Attenzione però: spetta sempre al superiore, alle signore o ai più anziani dare la mano per primi.

5 · Evitate nel modo più assoluto le espressioni "la mia signora", "la mia compagna". Usate sempre il termine *moglie*, anche se non si è sposati.

6 · Un leggero cenno del capo o, nei casi previsti, un naturalissimo baciamano completerà la presentazione. Ricordate che il baciamano è un atto bilaterale, nel senso che spetta alla signora porgere la mano con un'angolazione e una morbidezza tali da invitare l'uomo al gesto. Se la mano vi è porta invece di taglio, lasciate perdere: la cosa peggiore è vedere arti superiori femminili ruotati con forza e avvicinati alle labbra. Labbra che, comunque, si arresteranno a quattro dita di distanza dal dorso della mano.

7 · Non vi preoccupate se non riuscite a ricordarvi il cognome di chi vi è stato presentato appena un minuto prima: è un fenomeno assolutamente normale. Se però volete cavarvela con meno danni, potete usare il vecchio *escamotage* della domanda ambigua. «Può ricordarmi il suo nome?», «Mario Rossi», «No, il cognome lo ricordavo benissimo, era il nome che non avevo afferrato bene...»: questo, di solito, funziona in tutti gli ambienti e occasioni.

Gesti, postura, voce

Il "tu" è da adottare sempre con grande cautela.
Al di fuori delle convenzioni ormai consolidate,
come l'appartenenza alla stessa carriera professionale,
allo stesso grado, allo stesso club, è bene non passare
con eccessiva noncuranza al tu.
Mantenere davanti a voi un'elegante barriera formale,
che non rinunci a cordialità e simpatia, vi conferirà
maggiore autorevolezza e potrà rendere l'ascolto
di ciò che dite più attento.
Né alla mano a tutti i costi ma neppure scostanti:
partite con la giusta misura e prendete il vostro tempo.

Spetta sempre al superiore o al più anziano o alla signora proporre di passare al tu, che rimarrà in seguito la cifra delle conversazioni. È comunque possibile, se ci si dà del tu, manifestare una forma di riguardo nei confronti di persone gerarchicamente più elevate. Sarà sufficiente rivolgersi a loro con il titolo accademico, la qualifica o il grado militare: ingegnere, presidente, direttore, comandante, senza arrivare al nome proprio. E sarà pressoché equivalente a dar loro del lei.

Non date mai del tu ai vostri collaboratori se non consentite loro di fare altrettanto. Questo brutto vezzo ha una definizione: "tu ancillare", dal latino *ancilla*, serva. E va assolutamente evitato. Abituate al lei i giovani: se un ventenne vi chiede di dargli del tu spiegategli che l'uso del lei è un segno di rispetto nei suoi confronti.

Date sempre del lei al personale di un esercizio pubblico, indipendentemente dall'età. La considerazione per il lavoro altrui passa anche attraverso queste sfumature. Non esagerate, però. Se è vero che oggi nessuno sollecita l'attenzione del cameriere chiamandolo «Cameriere!», non si capisce perché molti si rivolgano a lui con «Scusi...». Siccome non c'è nulla di cui scusarsi, usate «Senta». Meglio di tutto, però, uno sguardo e un impercettibile gesto della mano. Al personale domestico ci si rivolge con il lei e col nome di battesimo, senza "signor" o "signora". Fanno eccezione le persone che vi hanno visto crescere.

Le dieci regole d'oro della conversazione

1 · Sappiate ascoltare.

2 · Evitate di personalizzare un argomento raccontando episodi che hanno coinvolto voi o i vostri familiari.

3 · Non raccontate dettagliatamente i vostri malanni.

4 · Esibitevi in citazioni o termini stranieri solo se siete sicuri del significato e della pronuncia.

5 · Orientate lo sguardo verso chi sta parlando e fategli arrivare periodici cenni di attenzione.

6 · Lasciate al vostro interlocutore una via d'uscita: in un colloquio a due sistemate le poltrone alle 6 e 15, mai una di fronte all'altra.

7 · Cercate di ricordare il nome di persone care all'interlocutore: colpisce sempre come dichiarazione di grande interesse nei suoi confronti.

8 · Lasciate sempre terminare la frase prima di obiettare o porre domande, resistendo alla tentazione di sovrapporvi al vostro interlocutore anche se espone i concetti con lentezza.

9 · In un colloquio con una persona gerarchicamente superiore, capite da soli quando è il caso di prendere congedo e offrite al vostro interlocutore uno spunto per chiudere l'incontro.

10 · Se non conoscete l'argomento, tacete. Un grande conversatore ironico amava lasciar cadere il nome di un personaggio inesistente, di solito straniero, che diventava di volta in volta un filosofo, un regista, un violinista. «Hai visto la mostra di Mittermaier a Palazzo Venezia? Ma sì, quella che si è chiusa tre giorni fa...» e inevitabilmente qualcuno se ne usciva dicendo: «Magnifica, una cosa sublime!».

Tenete conto che il calcio, la politica e la religione sono argomenti pericolosi. Se non conoscete bene chi avete di fronte sarà saggio evitarli, potreste ritrovarvi in situazioni potenzialmente conflittuali. E che quando arrivate a parlare del tempo o dell'eterno femminino, in chiave misogina o comunque poco rispettosa, significa che la vostra conversazione ha esaurito gli argomenti.

La distanza

La prossemica è una scienza recente che studia gli spazi e i comportamenti, al loro interno, delle relazioni interpersonali.
Esistono quattro aree ben definite intorno a ciascuno di noi:

- la distanza intima (0-45 cm), entro cui si può percepire l'odore dell'interlocutore;

- la distanza personale (45-120 cm), che delimita il terreno dell'amicizia;

- la distanza sociale (1,2-3,5 m) in cui avvengono le relazioni fra conoscenti o fra insegnante e allievo;

- la distanza pubblica (oltre 3,5 m).

Imparate bene le misure di queste soglie e applicatele nella vostra vita di relazione, ricordando che la distanza intima è, di norma, off-limits. In ogni caso, non pressate l'interlocutore, non toccatelo, non lo prendete sottobraccio, non spingetelo nell'angolo: lasciategli sempre una via di uscita.

Ricevere gli ospiti: a tavola

Una fra le poche norme
che hanno attraversato indenni
il passare degli anni e il mutare
della società è il corretto modo
di stare a tavola.

Il gentiluomo assume una postura eretta ma non ingessata, tiene le braccia aderenti al corpo, non allarga i gomiti né si china sul piatto. Tale atteggiamento rifletteva, in passato, la condizione di chi mangiava con regolarità e abbondanza: gettarsi sul cibo quasi ad aggredirlo era, infatti, il segno di una precarietà alimentare che condizionava gesti e comportamenti. Ecco perché si deve sempre attendere che siano serviti gli altri commensali prima di iniziare a mangiare. Anche il modo di bere è influenzato dal passato. Nel Medioevo non esistevano bicchieri individuali e il bicchiere comune, che si passava di mano in mano, imponeva di pulirsi la bocca per non lasciare briciole o residui. Prima di bere e dopo aver bevuto, quindi, il gentiluomo si detergerà le labbra con il tovagliolo, che lascerà poi spiegato sulle gambe. Solo in presenza di piatti "difficili" (bucatini al pomodoro, per esempio), è consentito trattenere con la mano sinistra il tovagliolo all'altezza del colletto della camicia (trattenere, non inserire né annodare). Al termine del pasto, il gentiluomo lascia il tovagliolo sulla sinistra del piatto. Anticamente, infatti, ripiegare il tovagliolo sporco significava sottovalutare il padrone di casa, ritenendolo capace di impiegare nuovamente la salvietta, un tempo oggetto lussuoso e raro, senza affrontare le allora ingenti spese del bucato. In mancanza di personale di servizio, l'uomo deve sempre gettare uno sguardo d'insieme alla tavolata, per vedere quali signore abbiano bisogno di avere il bicchiere rabboccato.

Il gentiluomo riceve: i posti a tavola

Le tavole rettangolari, che costituiscono la forma più comune della convivialità domestica, accolgono le due principali modalità per disporre gli invitati secondo un ordine gerarchico. Senza entrare in dettagli troppo tecnici, in occasione di un pranzo con ospiti la padrona di casa occupa la posizione più eminente, avendo di fronte il padrone di casa. Gli altri invitati, cercando di rispettare il più possibile l'alternanza fra uomo e donna, si dispongono secondo lo schema rappresentato nelle figure.

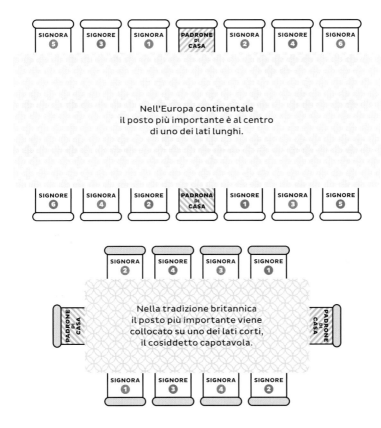

Il ruolo del padrone di casa è quello di un regista discreto e attento. Dovrà preoccuparsi che non manchino le bevande agli ospiti gestendo le bottiglie sistemate in un tavolino a parte, mai sulla tavola; animerà la conversazione se non decolla e, in mancanza di personale di servizio, aiuterà a togliere e rimettere i piatti e servirà egli stesso le pietanze.

Apparecchiare è meno complicato di quanto si creda: bicchieri dell'acqua e del vino alla destra del piatto. Tutto il resto, piattino del pane, eventuale piattino del burro, piatto dei contorni, eventuale saliera individuale e altre variabili a sinistra. Il tovagliolo a destra. Quanto alle posate, apparecchiate secondo il menu: a sinistra, dall'esterno all'interno, forchetta da antipasto, da primo e da secondo; alla destra, coltello da antipasto, eventuale cucchiaio, coltello da secondo con la lama all'interno. Per il pesce esistono forchette e coltelli specifici. Davanti al piatto, dall'interno all'esterno, il cucchiaio da dolce, la forchetta e il coltello da dolce o da frutta. L'eventuale sottopiatto non va mai rimosso.

In caso di dubbio su quale posata usare, ricordate che l'ordine di presa è sempre dall'esterno all'interno.

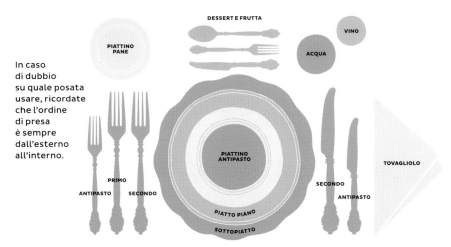

La tabella sottostante riassume i più frequenti piazzamenti in casa, quando a invitare sono entrambi i coniugi. Ricordate che con il termine "ospite d'onore" si indica la persona alla quale è dedicata un'occasione conviviale, mentre un "ospite di riguardo" merita un trattamento particolare per la carica rivestita o per chiara fama.

Colazione o pranzo formale in casa

OSPITI	PRESIDENZA	POSTO DI FRONTE
Amici	**Padrona di casa**	**Padrone di casa** altra signora se gli ospiti sono in numero pari
Ospite d'onore	**Padrona di casa** ospite d'onore alla sua destra	**Padrone di casa** moglie dell'ospite d'onore alla sua destra
Ospite di riguardo	**Padrona di casa** ospite di riguardo alla sua destra, ma alla sua sinistra se è presente anche l'ospite d'onore	**Padrone di casa** moglie dell'ospite di riguardo alla sua destra, ma alla sua sinistra se è presente anche l'ospite d'onore

Al lavoro: in ufficio

Qualche prezioso consiglio per la vita
sul posto di lavoro.

1 · Non fate le mosche bianche: il vostro abbigliamento sia adeguato allo stile dell'ufficio o dell'azienda. Distinguetevi per capacità professionali e non per eccentricità. Non esagerate con i profumi.

2 · Nei confronti di un superiore adottate sempre un comportamento che riconosca la gerarchia: salutate per primi ma attendete che vi sia porta la mano per stringerla, offritegli la destra, alzatevi al suo ingresso, cedetegli il passo davanti a una porta ma precedetelo se non conosce la strada, fatelo entrare per primo in ascensore e disponetevi in modo che possa anche uscire per primo. Esponete le vostre idee con schiettezza ma non mostrate insofferenza se prevale un'altra tesi.

3 · Trattate le signore con educazione, ma ricordate che quando si lavora duro contano solo il ruolo o la qualifica ricoperti.

4 · Non sbandierate ai quattro venti i vostri fatti personali e non parlate ad alta voce di questioni private. I pettegolezzi sono un boomerang.

5 · Chiedere piaceri implica di doverli restituire.

6 · Non cedete alle lusinghe del grande o piccolo potere che vi siete guadagnati. Soprattutto nel settore pubblico, evitate di assegnare ai vostri collaboratori mansioni che riguardino la vostra sfera privata: il gioco non vale la candela e il rischio di essere al centro di polemiche è sempre in agguato.

7 · Le comunicazioni telefoniche attraverso le segretarie prevedono che l'interlocutore di rango inferiore sia messo in contatto con l'assistente del superiore che provvederà a passare la comunicazione.

8 · La gomma americana va masticata quando siete soli: non si rumina in gruppo!

9 · Bussate sempre davanti a una porta chiusa. Se la stanza è aperta, prima di entrare attendete di essere visti e di ricevere un cenno di assenso.

10 · Accogliete un ospite alzandovi e andandogli incontro, facendolo quindi accomodare, se possibile, in una zona di conversazione. Rimarrete dietro la scrivania solo se il colloquio necessita dell'uso del vostro computer.

11 · Non trasformate il tavolo da lavoro nel tavolo per la pausa pranzo.

12 · Nelle riunioni, in genere il più alto in grado si siede o sul lato corto del tavolo più lontano dall'ingresso o al centro di uno dei lati lunghi. Gli altri si disporranno secondo l'ordine gerarchico (*vedi* p. 141).

13 · Sottrarsi alla colletta aziendale per un regalo non è mai simpatico.

14 · Il tu è naturale solo fra colleghi dello stesso livello, ma come non può essere adottato d'iniziativa nei confronti dei superiori, allo stesso modo non si può trattare il personale dipendente con il tu pretendendo di ricevere del lei. Dare del tu, insomma, prevede anzitutto la reciprocità.

15 · Avvisate sempre se siete in ritardo.

16 · Non rivolgete mai rimproveri in pubblico.

17 · Le relazioni affettive tra colleghi vanno gestite con la massima discrezione, sebbene sia quasi impossibile nasconderle.

18 · Il buon collaboratore risolve i problemi, non li scarica sul capo.

Colloquio di lavoro

La prima impressione – talvolta addirittura a livello epidermico – assume spesso un ruolo decisivo. Il vostro abbigliamento sarà professionale e coerente con il ruolo che vorreste ricoprire: giacca e cravatta per un lavoro d'ufficio, un taglio informale per mansioni meno burocratiche, ma sempre impeccabile per pulizia e ordine. Le scarpe da ginnastica o i jeans potrebbero infastidire, così come i colori chiassosi e le originalità spiccate. Un lievissimo sentore di profumo è ammesso, ma un'esplosione di essenze non è consigliabile. Ecco qualche suggerimento.

- Toglietevi l'orecchino, se lo portate, e copritevi i tatuaggi più visibili: colui che è chiamato a valutarvi è, prima di tutto, un essere umano portatore anche inconsapevole di pregiudizi, simpatie e antipatie istintive, elementi caratteriali.

- Un tempo il curriculum era una creazione individuale, dalla quale era possibile cogliere alcuni aspetti della personalità del titolare: ordine, proprietà di linguaggio, capacità di sintesi, fantasia. Oggi, il necessario *curriculum europeo* ha omologato in una gabbia uniforme il racconto del bagaglio personale e professionale di ciascuno, sottraendo all'intervistatore ogni utile indizio sul candidato. Ricordate che le diverse esperienze professionali si declinano dalla più recente alla più lontana nel tempo, evitando di inserire il lavoretto estivo o altre occupazioni effimere.

- Un'adeguata ricognizione sull'azienda o l'ente è sempre consigliabile (capitale, fatturato, sedi, prodotti, governance ecc.).

- Arrivate con sufficiente anticipo, non esibite giornali troppo orientati politicamente, spegnete il cellulare, assumete una postura eretta ma non arrogante, aspettate che vi porgano la mano e stringetela con fermezza ma senza stritolarla, sedetevi su invito e comunque dopo il vostro interlocutore.

- Rispondete alle domande con prontezza, senza mai "salire" sulla voce di chi vi esamina e lasciando terminare il concetto; la risposta non deve essere un fiume in piena ma neppure un monosillabo sincopato, non minimizzate ciò che avete fatto ma non autoesaltatevi, capite velocemente se la persona che avete davanti potrebbe apprezzare una garbata battuta di spirito.

- Non promettete ciò che non siete in grado di mantenere.

- Non agitate al primo incontro le questioni economiche o logistiche (orario, ferie ecc.) e mostratevi elastici e disponibili.

- Congedandovi ringraziate, aspettate nuovamente che vi porgano la mano e salutate con uno sguardo diretto.

- Non fate commenti, gesti o facce all'interno della sede del colloquio (né prima, né dopo).

- Se non avete notizie sull'esito dell'intervista, chiamerete per informazioni la segreteria che vi ha convocato dopo aver fatto trascorrere almeno una settimana.

In pubblico

Al bar

Il caffè al banco è irrinunciabile per noi italiani, ma con qualche attenzione in più la gradevolezza sarà migliore.

- Salutate appena entrate, attendete il vostro turno senza passare avanti ma senza farvi passare avanti (una buona formula è «Credo di essere arrivato prima di lei»). A proposito, ricordate sempre che il gentiluomo porta avanti una contestazione sulla precedenza in una fila sino al punto in cui lo scambio di battute si mantiene su livelli e toni moderati; appena si capisce che la partita a due può diventare uno spettacolino per molti, lascia perdere senza strascichi, battutine, commenti.

- Ordinate con chiarezza il tipo di caffè preferito accompagnando la richiesta con «per favore», ringraziate anche solo con un cenno del capo o un sorriso. Non stazionate più di tanto al banco con il gomito aperto, impedendo un celere ricambio di consumatori, ma spostatevi piuttosto all'estremità o sui tavolini di appoggio con tazzina e piattino, che avrete cura di riportare sul banco, specie quando l'affollamento impedisce al personale di provvedere al ritiro delle stoviglie.

- Il cucchiaino viene sempre lasciato sul piattino, mai dentro la tazzina.

- Se nel locale sono a disposizione dei quotidiani, scorreteli pure senza fretta ma, per rispetto verso gli altri potenziali lettori, non imbarcatevi in una lettura analitica di ogni pagina, di ogni articolo, di ogni didascalia.

- Se intendete offrire, ditelo prima chiaramente per evitare di tenere in ostaggio il cassiere di fronte allo stucchevole siparietto di affermazioni del tipo «Pago io», «No, pago io. Non prenda denari da quest'uomo. Questo è il mio quartiere» o altre del genere. Allo stesso modo, se chi è con voi desidera provvedere alla consumazione, ringraziatelo subito prendendo nota per la prossima volta.

Al cinema, al teatro, ai concerti

La parola d'ordine è "non disturbare". Il silenzio è la regola aurea, i commenti si rimandano a fine spettacolo.

- Spegnete il cellulare o, se proprio non potete vivere a telefonino spento, silenziatelo e, soprattutto, mettetelo in tasca. Se lo sentite vibrare non rispondete bisbigliando «Non posso, sono al cinema», perché avrete comunque acceso il buio con la luce del display, la stessa che disturberà gli altri spettatori se mandate o leggete messaggi.

- Poiché il bicchierone gigante di popcorn genera almeno un quarto d'ora di fastidiosi rumori mandibolari, cercate di resistere al bisogno impellente di mettere qualcosa sotto i denti. E ciò vale specialmente ai concerti. Intendiamoci: un'esibizione di musica classica non è una celebrazione sacra, bensì un momento di piacere. Quindi, niente pose rapite, occhi socchiusi o mani che dirigono una partitura mentale.

- Il gentiluomo deve adattarsi alla consuetudine che vieta di applaudire fra un movimento e l'altro, che stigmatizza lo scartamento di caramelle o una mezza parola al vicino di poltrona, che non vede bene il colpo di tosse. A proposito, se non state bene, se avete una tossetta fastidiosa o qualsiasi altra costipazione, rinunciate al concerto.

- Può accadere di occupare una poltrona riservata ad altri. Ci si scusa subito e si lascia il posto rapidamente.

- Parlando di spettacoli, la puntualità è d'obbligo. Entrare in sala a film, a concerto o a recita iniziati non è educato, così come è estremamente irritante fare alzare un'intera fila per raggiungere la vostra sedia. Conviene, se non vi impone diversamente la maschera, fermarvi durante il primo tempo nelle ultime file per poi raggiungere il vostro posto durante l'intervallo.

- Durante un concerto o una pièce teatrale, aspettate sempre la fine di un brano o di un tempo e gli applausi per andare via. Lasciare la sala è un diritto se avete pagato voi il biglietto, ma se siete ospiti vi tocca rimanere fino alla fine, anche a costo di lottare eroicamente contro i colpi di sonno.

- Il teatro d'opera ammette il dissenso sonoro all'indirizzo di questo o quell'interprete, del direttore e del regista: il tifo da stadio del loggione fa parte del gioco, specialmente in Italia. In altri contesti, l'applauso rado e fiacco pesa addirittura di più: se non siete soddisfatti, adottate l'arma del silenzio e di una rapida uscita dalla sala.

- In sala, gli uomini stanno a capo scoperto. Il gentiluomo si occupa del guardaroba delle signore, sia in entrata sia in uscita, tiene le contromarche e fa la fila al bar.

- Nel deflusso il gentiluomo non spinge e "protegge" con garbo le signore che stanno con lui, non perdendole mai di vista. Ricordate che, statisticamente, quando un flusso di folla si dirige verso un'apertura, sono più veloci i lati.

- Infine, trattenete per un attimo la porta, consentendo a chi vi segue di aprirla a sua volta comodamente. Se siete oggetto di una tale accortezza, non mancate di ringraziare.

La privacy

- La riservatezza deve essere una bandiera per qualsiasi persona educata.

- L'evoluzione tecnologica ha sviluppato un assottigliamento del significato, pur mantenendo il concetto che la persona deve controllare le informazioni che la coinvolgono; pensare prima di pubblicare è il dogma per chiunque scelga di essere una persona corretta.

- Il pettegolezzo, in senso lato, è squallido e soprattutto è un boomerang: a vostra volta ne sarete oggetto.

- Per privacy si intende anche non sbirciare i messaggi degli altri, non entrare nella loro posta, non superare la linea del riserbo in farmacia, in banca, alla posta ecc. e stare indietro quando la persona davanti deve digitare un codice o il proprio PIN.

In viaggio e in vacanza

Anche viaggi e vacanze sono un'occasione per mettere in luce le caratteristiche di un vero gentleman.

In albergo

Il gentiluomo è sempre tale, sia che soggiorni alla Pensione Mariuccia sia che occupi la suite di un hotel sfarzoso.

- Ciò che deve essere chiaro, invece, è l'offerta che ci si deve aspettare. In un delizioso alberghetto a conduzione familiare, immerso nelle valli alpine, non si pretenderà di avere un facchino che porti il bagaglio in camera, né si brontolerà se nella dotazione della stanza non sono comprese le ciabattine. A proposito di ciabattine, non sempre gli alberghi a quattro stelle le prevedono ed è dunque consigliabile accertarsene per tempo.

- Ricordate che il personale dell'hotel non è gente di famiglia: anche se siete degli habitué, evitate pacche sulle spalle, abbracci ed eccessive confidenze; un cenno di saluto e un sorriso sono invece doverosi. L'atteggiamento da tenere, sebbene improntato a calorosa cordialità, non deve mai oltrepassare il limite che separa il cliente dal fornitore di servizi. Per questo, vi rivolgerete sempre al responsabile di sala con l'appellativo di "maître" – i camerieri, invece, possono essere chiamati per nome dando del lei, anche ai più giovani – e al direttore della cucina con l'appellativo di "chef".

- Nel mondo alberghiero il cliente è sempre "signor", indipendentemente dai titoli onorifici o accademici posseduti: non v'imbarcate in inutili contorsionismi verbali per sottolineare il vostro stato scolastico che, peraltro, ha valore sociale soltanto in Italia.

- Il gentiluomo ha sempre rispetto per gli orari e non avrà mai un tono di voce alto negli spazi comuni. Accompagna le porte, non le sbatte. Tiene il volume del televisore basso.

- È giusto, invece, segnalare le cose che non vanno. Un piatto mal cotto va rimandato indietro con garbo e fermezza, una camera non perfettamente riassettata merita un'immediata telefonata alla reception, un addebito improprio deve essere contestato al momento del conto, che sarebbe meglio farvi rilasciare la sera precedente alla partenza per poterlo controllare con calma. La segnalazione deve essere decisa – un atteggiamento titubante mina la credibilità – ma sempre educata. A tavola, per esempio, ci si rivolge al maître invitandolo a provvedere, ma senza dare troppe giustificazioni: il cliente ha diritto di chiedere il cambio di una bottiglia di vino senza controrepliche da parte del sommelier. Tuttavia, mai e poi mai alzerete la voce o gesticolerete.

- Il personale di sala lo si chiama con un cenno, ma a un *commis* di livello basta uno sguardo. Come abbiamo già detto, sulla scia del politicamente corretto e dell'eufemismo a ogni costo, non è opportuno rivolgersi

VITA DI RELAZIONE

a un cameriere con il termine "cameriere". Userete il verbo "senta", rinunciando a "scusi" che, purtroppo, ha preso piede ovunque: non c'è nulla, ovviamente, di cui scusarsi.

- Se ha dei bambini vivaci, il signore educato farà attenzione a impegnarli nelle ore destinate al riposo degli ospiti.

- Se la struttura alberghiera ammette i cani, il proprietario non lascerà l'animale in stanza da solo poiché, nel caso entrasse un inserviente, potrebbe percepirlo come un intruso e abbaiare per difendere il territorio.

- Un'ultima riflessione. Il gentiluomo lascia la propria stanza d'albergo sfatta ma non come un campo di battaglia e ciò comprende non solo la camera, ma anche il bagno e i sanitari. E questo genere di accortezza si traduce in una forma di rispetto per chi ha il compito di fare le pulizie.

In aereo

Il gentiluomo sa bene che gli addetti all'imbarco sono incolpevoli di ritardi o disservizi e non partecipa alle indegne gazzarre che servono solo a trovare un capro espiatorio su cui scaricare rabbia e frustrazioni. Anche i viaggi con compagnie low cost che pongono rigidi limiti all'imbarco di bagaglio a mano non devono trasformarsi in duelli all'arma bianca con chi, magari con eccessiva fiscalità, contesta dimensioni o peso del vostro trolley. E spesso ciò che in Italia viene stigmatizzato ad alta voce, all'estero è subìto con il rispetto delle regole.

- Quando vi accomodate al posto assegnatovi, fate un cenno di saluto al vostro vicino.

- Se sapete di dovervi alzare spesso, magari per problemi di circolazione, scegliete un posto di corridoio.

- Non invadete gli spazi già esigui del vostro vicino aprendo il giornale a piena pagina o ponendo il soprabito nella poltrona centrale anziché nella cappelliera. A proposito di quest'ultima, la galanteria impone che l'uomo aiuti la signora a sistemare il proprio bagaglio.

- Se reclinate lo schienale, ma sulle tratte brevi evitate di farlo, è educato avvertire il passeggero dietro di voi.

- Indossate scarpe comode, specie nei lunghi viaggi, per non avere la malsana idea di toglierle.

- Parlate sempre con un tono basso e, se dovete scambiare parole con colleghi non vicinissimi, alzatevi voi invece di alzare la voce.

- La curiosità di provare nuovi profumi al duty free non deve essere una punizione: tanti profumi in una cabina non producono altro risultato se non un forte mal di testa.

- La cintura va slacciata a motori spenti ed è inutile alzarsi subito in piedi: conviene attendere che le persone davanti siano defluite e solo allora lasciare la propria fila.

- Non accendete il cellulare appena fermi: non crolla l'economia occidentale se non leggete i messaggi appena entrati in aeroporto o se non annunciate subito che sì, siete atterrati.

In montagna

- Le consuetudini della montagna impongono di salutare chi s'incrocia in passeggiata. Non consideratelo il retaggio di un'epoca in cui il turismo di massa non esisteva, né l'obbligo a rinunciare al piacere dell'escursione per profondersi in continui "buongiorno". Il saluto in quota – a bassa voce, con un cenno del capo o semplicemente un sorriso – esige la volontà di entrambi ed è abbastanza facile capire se chi s'incontra rivolge lo sguardo su di noi in attesa di un cenno. Altrimenti, nessuno si offende se ciascuno va per la sua strada.

- Ricordate che, nei passaggi obbligati, chi sale ha sempre la precedenza e che è buona norma cedere il passo a chi procede più celermente di voi.

- La passeggiata poco impegnativa lascia ampia libertà nell'abbigliamento, meglio se poco appariscente. Occhio alle scarpe: lasciate in albergo quelle da ginnastica o le pedule da città e affidatevi a modelli da trekking leggeri e robusti.

- Lasciate i luoghi dove vi fermate per una pausa così come li avete trovati.

In barca

Ovvero: come rovinare le amicizie. La limitatezza degli spazi, per quanto lussuosi, può innescare comportamenti non prevedibili, alimentando e amplificando ostilità e litigiosità.

Dunque, la prima regola è di essere veramente convinti prima di cimentarvi in una vacanza in barca, soprattutto se dei vostri compagni di viaggio non avete un'approfondita conoscenza.

Se siete ospiti a bordo, tenete a mente poche, ma basilari regole.

- Le scarpe vanno lasciate nel pozzetto: a bordo si sta a piedi nudi o con calzature tecniche.

- Non presentatevi con l'intero guardaroba, portate con voi pochi capi intercambiabili. Di giorno basteranno il costume e una camicia o una maglietta (occhio al sole, perché in barca il confine tra abbronzatura e ustione è assai labile) e la sera indosserete un abbigliamento vacanziero: bermuda, pantaloni lunghi, camicie, pullover, una giacca a vento e magliette in abbondanza. Salvo alcune feste a bordo o a terra di cui il proprietario avrà dovuto informarvi.

- No alle valigie rigide o semirigide, sì alle sacche.

- Se vi spalmate delle creme (gli oli in barca sono banditi) usate sempre un asciugamano per sedervi o stendervi.

- Non spargete in giro occhiali, libri e magliette, ma cercate di essere meno invasivi possibile.

- Se non potete fare a meno di fumare, almeno mettetevi a poppa.

- Telefonate brevi e a bassa voce: vacanza, spazi ridotti e chiassose conversazioni non legano.

- Se proprio la convivenza diventa insostenibile, trovate una scusa per accorciare la vacanza senza recriminazioni o accuse.

- I marinai non sono domestici: tutti, a bordo, sono chiamati a collaborare.

- In ogni caso, approfondite il significato delle parole "promiscuità", "claustrofobia" e "ammutinamento".

VITA DI RELAZIONE

Alle terme

- Evitate di usare il telefono, maneggiarlo, rispondere, parlare a lungo, mentre le persone intorno a voi cercano silenzio e relax.

- Se non siete frequentatori giornalieri ma ospiti dell'albergo – e sempre che vi sentiate a vostro agio – potete scendere nella zona tratta- menti in accappatoio, rigorosamente vietato a pranzo o a cena, con l'eccezione degli spuntini a bordo piscina.

- L'abbigliamento deve essere funzionale, non necessariamente modaiolo, e il decoro fa parte del percorso di benessere.

Al ristorante

L'abito giusto

L'abbigliamento dell'uomo di stile ha due condizioni: la tipologia del locale e l'abito della partner. Oggi, sovente, una mise elegante di lei si accompagna a una tenuta informale del cavaliere. È meglio accordarsi prima.

Come comportarsi

- Spetta sempre all'uomo entrare per primo in un ristorante per "fare strada", parlare con il personale, individuare il guardaroba, aiutare a togliere il soprabito, condurre al tavolo e favorire l'atto di sedersi. Se è il maître o un commis a precedervi, lascerete il passo alla signora e chiuderete voi.

- A differenza della convivialità in casa, sono gli uomini ad assegnare i posti, tenendo sempre conto, però, delle contingenze per rendere più gradevole alle signore la situazione: la vista di un bel panorama piuttosto che la vicinanza a zone di passaggio.

- Lascerete che siano le signore a ordinare per prime senza il vostro intervento mentre sarete voi, eventualmente, a coordinare le richieste dei presenti.

- Il gentiluomo si occupa della scelta e dell'assaggio del vino: se non siete buoni conoscitori, non atteggiatevi a sommelier.

- Chi ha stappato la bottiglia dovrebbe aver già valutato il tappo e, in ogni caso, non è necessario il diploma da intenditori per rimandare indietro con garbo una bottiglia non perfetta.

- Non alzate mai la voce, non protestate con veemenza ma esponete le vostre ragioni a un responsabile, ricordando che il personale dipendente non ha titolo né autonomia decisionale e che il tu non è contemplato con nessuno degli interlocutori.

- Se notate che il personale non lo fa, controllate voi i bicchieri delle signore, che non dovrebbero mai versarsi le bevande: mescete sempre l'acqua, ma per il vino assicuratevi prima che sia gradito.

- Nel brindisi a due, il bicchiere va leggermente alzato e rivolto verso l'altra persona. Nel brindisi collettivo, è sufficiente che il braccio e lo sguardo compiano una lieve rotazione ad abbracciare tutti i presenti. Evitate il tintinnio di bordi che si toccano e i "cin cin".

La mise en place

Ricordate che il piattino del pane e il piatto dei contorni stanno alla sinistra del vostro piatto. Se, appena preso posto a un tavolo rotondo con posti serrati, prenderete un pezzetto di pane alla vostra sinistra sarete implicitamente ringraziati dagli eventuali dubbiosi.

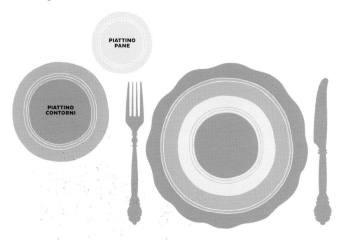

L'efficienza del personale di sala si misura, soprattutto, sulla capacità di agire senza farsi notare. Per questo esiste un codice basato sulla posizione delle posate.

Affiancate alle ore 6 indicano che avete finito di mangiare e il piatto può esser tolto.

Leggermente divaricate, più o meno alle ore 7 e 20, segnalano che non avete terminato.

Alla fine del pasto, il tovagliolo va deposto alla sinistra del piatto, non ripiegato ma abbandonato morbidamente sulla tavola. La ragione di tale gesto risale al Rinascimento, quando i tovaglioli erano merce preziosa e costoso il loro lavaggio: lasciati scomposti sulla tavola dicevano di come il padrone di casa fosse in grado di affrontare le spese non lievi della loro delicata pulizia. L'uso degli stuzzicadenti in pubblico è fuori discussione: casomai, spazzolino e dentifricio portatili.

Chi offre?

In un locale è sempre l'uomo a pagare il conto per la coppia. In un pranzo di lavoro offre, di solito, l'azienda di colui, o colei, che invita o che ha proposto l'incontro. Se decidete di pagare voi il tavolo, avvisate il proprietario in anticipo o provvedete per tempo con discrezione. Infine, saranno gli uomini a dividersi fra loro la parte di conto delle signore non accompagnate.

Dopo mangiato

Al termine, aiuterete le signore a infilarsi il soprabito e le guiderete all'uscita aprendo loro la porta. Di solito, chi esce da un locale ha sempre la precedenza, ma non rinunciate mai al garbo: in caso di pioggia attendete all'asciutto l'ingresso di chi è fuori sotto l'acqua. Piuttosto, se il cielo minaccia, portate con voi un ombrello dalla cupola sufficiente a ospitare un'altra persona.

Le mance

In Italia le mance non sono obbligatorie. Per questo, costituiscono un concreto segno di apprezzamento per una prestazione che si ritiene abbia corrisposto o superato gli standard attesi. È chiaro che in un ristorante stellato o in un albergo di lusso la qualità complessiva (cibo, professionalità, ambienti e atmosfere) deve rasentare la perfezione, ma anche in una trattoria fuori porta bisogna ottenere un riscontro adeguato al prezzo richiesto. La mancia è dunque un preciso segnale, così come è un segnale l'assenza di mancia.
Quanto alla sua entità, calcolatela intorno al 10% del conto. In taxi è sufficiente l'arrotondamento alla cifra piena superiore; lo stesso vale per un caffè al tavolino di un bar.
In ambito alberghiero, tenete conto che spesso le mance si suddividono fra tutto il personale di un dato settore: alla fine di un soggiorno di una settimana, preparerete più buste che consegnerete a ciascun responsabile.
Non vi scordate, all'arrivo e alla partenza, di avere in tasca denaro contante per chi vi porterà i bagagli in camera o in auto. Particolari richieste o servizi, di norma, prevedono una piccola mancia, che non va mai lasciata al proprietario dell'attività: sarà sufficiente testimoniare personalmente l'apprezzamento e tendere la mano per una bella stretta.

Con le signore

Senza esagerare e senza mostrarsi affettati, una garbata attenzione nei confronti delle signore costituisce il bagaglio obbligato del gentiluomo. È una pratica che sta cadendo in disuso e che, proprio per questo, può sorprendere positivamente, concorrendo più di quanto si pensi a lasciare una buona impressione di sé e a decretare il successo personale. Quanti ancora aprono la portiera dell'automobile, quanti si tolgono il cappello, quanti sanno quando e come cedere il passo, precedere, seguire, accompagnare, fare sedere, versare da bere? E non si vengano a tirare in ballo questioni legate all'eguaglianza, al ruolo femminile nel mondo del lavoro, al mutamento dei costumi. Ci sono atteggiamenti che attraversano i tempi e le società mantenendo pressoché inalterata la loro portata ideale. Peggio per chi non li conosce o non li osserva: nella maggior parte degli ambienti partirà in rimessa rispetto a un gentiluomo.

Scale

Salendo una scala ripida (a chiocciola, per esempio), l'uomo segue sempre, a meno che ci si diriga in ambienti non noti, bui o non sicuri. Scendendo, l'uomo precede. Non importa se oggi le signore non portano più gonne lunghe che potrebbero rendere difficoltoso l'incedere sui gradini: fate vostra questa regola e mettetela in pratica.

Cappello

Va sempre tolto al chiuso, in macchina e, soprattutto, in presenza di una signora, che dovrebbe invitarvi subito a rimetterlo se fa freddo. Incrociando per strada una signora, alzerete leggermente il cappello con la destra. Per inciso, è ammesso toccare solo la calotta del copricapo senza sollevarlo, ma il gesto completo è preferibile.

Soprabiti

Entrando in una casa, al ristorante, al guardaroba del teatro, aiutate sempre le signore a togliersi e rimettersi il soprabito. È un piccolo gesto che costa nulla, ma che vi varrà un sorriso di riconoscente ammirazione.

Automobile

Non lasciate mai che una signora apra la portiera. Fatelo voi, attendete che si sia accomodata, accertatevi che i lembi del cappotto non siano rimasti all'esterno e poi richiudete con garbo. Passate sempre dietro l'auto e fate il vostro ingresso nell'abitacolo con disinvoltura e senza crollare sul sedile. Aiutate, se è il caso, a fissare la cintura di sicurezza. Uscirete voi per primi, avvisando che state per aprire la portiera e porgendo la mano per aiutare a scendere, se necessario. Doveroso almeno il cenno di ringraziamento da parte della dama. L'uomo che brontola al volante, o peggio, oltre a essere maleducato non ha rispetto per le persone cui dà un passaggio. La sera il gentiluomo, giovane o grande che sia, non fa mai

tornare la ragazza o la signora a casa da sola, la scorta fino al portone e aspetta che lei lo chiuda prima di andarsene.

A tavola

Se non è il personale di servizio a farlo, non dimenticatevi di aiutare la signora che accompagnate a sedersi, spostando leggermente la sedia per facilitare l'avvicinamento e spingendola, più simbolicamente che realmente, con garbo verso il tavolo. Come già detto, provvedete sempre a rabboccare i bicchieri, soprattutto quello dell'acqua: per il vino, è bene chiedere prima. Non scegliete voi che cosa deve mangiare lei. Non dite "buon appetito", ma auguratevelo in cuor vostro. Non piluccate nel piatto altrui, a meno che non ci sia un invito chiaro a farlo per assaggiare. La signora sarà la prima a iniziare. E se ha necessità di andare a "incipriarsi il naso", come dicevano le nonne, anche l'uomo si alzerà, sia quando si allontana sia quando torna. La dama non dovrebbe mai essere lasciata al tavolo da sola.

In pizzeria

Il gentiluomo non abbassa mai la guardia, anche se non avrà le ferree attenzioni che adotta nel ristorante elegante a lume di candela. Sarebbe fuori luogo se si alzasse quando la signora si allontana, ma è adeguato aspettare che lei inizi a mangiare. Può gustare la pizza con le mani, ma preferirà coltello e forchetta per non ungersi, prenderà una birra ma non farà mai versi con le labbra per sorbire anche la schiuma. E tratterà sempre con innato rispetto il cameriere che, a sua volta, non dovrà rivolgersi col tu cameratesco.

A passeggio

Se camminate in due, la signora dovrà essere dalla parte del muro, perché più protetta. Se siete in una piazza camminerete alla sua sinistra: anticamente il cavaliere in questo modo poteva sfoderare agevolmente la spada. Se la signora è accompagnata da due uomini, starà al centro. E poi una curiosità che rasenta l'eccesso di zelo: quando attraversate, l'uomo nella prima metà della strada sarà a sinistra per poi spostarsi a destra, passando da dietro e mai sui piedi, per proteggerla dall'arrivo delle macchine.

In condominio

L'uomo terrà aperto il portone per far passare una signora, saluterà per primo, le lascerà il passo entrando in ascensore e schiaccerà il pulsante, le agevolerà l'uscita uscendo egli stesso sul pianerottolo, se necessario.

Malattie

A turno, qualche problema, come la gestione di anziani o parenti malati, capita più o meno a tutti. In questi casi una donna si aspetta che l'uomo risolva invece di aggiungere carichi d'insofferenza; una compagna sensibile, a sua volta, si accorgerà della momentanea difficoltà e cercherà di stare al fianco dell'uomo senza eccessive ingerenze.

Complimenti

L'approvazione, se non è eccessiva e melliflua, fa sempre piacere. Esternare una sensazione positiva gratifica, se reale, anche chi la pronuncia. La critica, per quanto costruttiva, è rischiosa e va sempre formulata con attenzione, intelligenza e garbo. Quando siete con una signora, siete con lei e non con altre che passano e accarezzate con lo sguardo.

Fiori

I fiori conquistano anche la più ostinata signora, ancor più se accompagnati da una bella frase scritta a mano. Le monocromie sono sempre eleganti, plateali le rose rosse, allegri i mazzi primaverili. Possono essere mandati prima di un incontro galante, dopo, o in occasione del compleanno o dell'onomastico.

Egocentrismo

Il gentiluomo parlerà di se stesso con levità, senza essere, apparentemente, protagonista.

In coda

L'uomo che cede il passo a una signora in coda dopo di lui sarà ricordato gradevolmente. Il gentiluomo attento riserverà sempre priorità assoluta ai disabili, agli anziani e alle donne in stato interessante.

Gentilezza

Il gentiluomo accompagna le frasi con "per favore", "grazie", "prego", in un tono educato che non cade mai nel supplichevole. Quando chiede utilizza sempre il condizionale e, nel momento in cui riceve un favore, esprime esplicitamente la propria gratitudine. Non giura, non promette se non è certo di mantenere, ma assicura. Il gentiluomo è paziente, ma non fino all'esasperazione, perché rischiate di non vederlo più. E sa chiedere intelligentemente scusa quando si accorge di avere sbagliato.

La mancia

Il ringraziamento sotto forma di denaro non sarà mai plateale ma riservato, anche per non umiliare chi lo riceve. Al ristorante, come abbiamo già detto, lasciate una mancia pari al 5-10%.

Saluti

Il gentiluomo saluta sempre quando entra in una sala d'aspetto, se incontra qualcuno per le scale, anche se sconosciuto, in un negozio, in un bar. E poco importa se il saluto cade nel vuoto, voi siete a posto.

Ritardo

Nessuna persona educata ed elegante può essere in ritardo, ancor peggio se è la signora ad aspettare.

Circoli privati

Sono dei microcosmi in cui i consoci, in quell'ambiente, sono tutti uguali e si danno del tu. Le regole del circolo sono ferree e se venite accettati, o desiderate farne parte, dovete attenervi a esse.

Decoro

Anche un uomo, non solo la donna, deve essere composto, non disordinato o sguaiato. Quando è fermo in piedi non deve tenere le gambe larghe come un piantone, quando è seduto deve appoggiarsi ma non stravaccarsi, aiutarsi con un minimo di gestualità se ne ha bisogno alla ricerca di incisività ma mai muovere le mani come avessero vita propria.

Altra chance

I separati e i divorziati non devono sparlare delle relazioni precedenti, fanno parte del bagaglio personale e deve servire d'esperienza. E il cordone ombelicale con la propria mamma va tagliato. La discrezione appartiene al gentiluomo e il suo riserbo ne accredita la fiducia. I figli, la loro crescita, la scuola possono essere la vita di qualsiasi genitore, ma non l'unico argomento. Ancor peggio se buona parte della conversazione viene incentrata sull'adorato animale domestico.

Con i bambini

Un padre attento farà in modo che i figli non disturbino, non urlino, non corrano fra i tavoli di un ristorante o dell'albergo, pretenderà che siano composti a tavola e sui mezzi pubblici ma liberi di giocare felici al parco. Insegnerà loro a salutare per primi gli adulti senza porgere la mano e ad attendere che siano i genitori a iniziare il pasto, a rispettare il personale domestico o di servizio usando i termini "grazie" e "per favore". E, naturalmente, a non dire parolacce. Ricordate che i figli seguono l'esempio degli adulti a loro vicini e sono quasi sempre lo specchio dei genitori.

In bicicletta

Non importa se a piedi, su due o su quattro ruote: ciascuno ritiene di avere ogni diritto, ogni ragione, ogni precedenza. E così vediamo ciclisti che si sentono un po' pedoni e un po' motociclisti, decidendo di ignorare i semafori, i marciapiedi e il codice della strada.

Chi va in bici deve sempre tenere la destra, deve rispettare le strisce pedonali e i sensi di marcia. Le piste ciclabili non sono circuiti di velocità e l'esclusività di transito non deve mai prevalere su una misurata prudenza, specialmente quando la pista ciclabile incrocia dei marciapiedi o è attraversata da pedoni. È giusto scampanellare o chiedere a voce "strada!", è sbagliato inveire o fare gestacci. Il ciclista corretto non corre sul marciapiede, non va senza mani in città e nelle aree pedonali non slalomeggia come sulla neve.

Quanto all'abbigliamento, indossate pantaloni stretti in fondo (al posto di mollette da bucato) per evitare l'interferenza con la catena. Per il resto, vale il buon senso.

Il cellulare

In cambio di una apparentemente infinita serie di applicazioni che facilitano la nostra vita lavorativa e di relazione, abbiamo sacrificato allo smartphone una parte della nostra *privacy.* Il gentiluomo tuttavia sa usare il proprio telefonino con misura e garbo.

- Un colloquio, un appuntamento, un incontro non vanno mai interrotti: telefono spento o, meglio, silenziato. È questione di rispetto nei confronti del vostro interlocutore, anche se questi v'invita a rispondere. Una rapida occhiata al numero chiamante e continuate la conversazione: il mondo può attendere. Se dovete rispondere a una chiamata "sensibile", allontanatevi e trattenetevi il tempo strettamente necessario per un brevissimo scambio di battute. Scusatevi prima e dopo con gli interlocutori, senza far trasparire in alcun modo i contenuti della conversazione.

- In chiesa, a teatro, al cinema, in biblioteca il cellulare va spento prima dell'inizio dell'evento. Negli ospedali silenziatelo. Nei musei e nelle gallerie d'arte ignoratelo e godetevi l'immersione nel bello in silenzio.

- In treno, se non avete scelto la "carrozza silenzio" in cui non è consentito altro che il sussurro, provvedete comunque ad abbassare il volume della suoneria. E silenziate i tasti dello smartphone e del tablet: il fastidio generato dai rumori della tastiera dei giochi e delle app più coinvolgenti confligge con il garbo dovuto.

- Se le circostanze non consentono una conversazione articolata (mancanza di dati a disposizione, impossibilità di prendere nota, posizione precaria ecc.) è meglio richiamare. Non fidatevi troppo della vostra memoria.

- Se chiamate un numero fisso, presentatevi sempre con nome e cognome. Se chiamate un cellulare, chiedete anzitutto all'interlocutore se disturbate. Se la risposta è: «Non posso», evitate «volevo solo dirti...» seguito da un fiume di considerazioni.

- Le suonerie polifoniche, in voga un tempo, potete lasciarle ai ragazzini, ammesso che le adottino. Puntate al tradizionale suono dei telefo-

ni non digitali, anche se ormai assai diffuso, o a segnali ovattati.

- Se siete in un luogo pubblico, tenete il cellulare sempre a portata di mano e rispondete al primo squillo, senza obbligare chi vi sta vicino a una lunga serie di fastidiosi suoni. Non soffermatevi a guardare chi vi chiama: rispondete o rifiutate la chiamata. Le questioni di cui trattate siano soltanto vostre e non invadano gli spazi sonori di chi vi sta vicino.

- Non scattate come molle se ricevete l'avviso, a volume sempre bassissimo, di un messaggio, di una e-mail o di una chat. Evitate di aprirli e ancor più di rispondere in presenza di altri o addirittura durante una conversazione.

- Dedicarsi allo smartphone quando si è a tavola è una delle più gravi mancanze di attenzione nei confronti di una signora. Una donna determinata potrebbe cancellarvi definitivamente dai suoi contatti e quindi dalla sua vita. Sono ovviamente banditi anche i selfie e le fotografie che hanno per protagonista il piatto che vi sta davanti.

Il selfie

L'uomo elegante non gira con un bastone da selfie preferendo ovviamente una buona camera digitale di dimensioni contenute. Tenete conto inoltre che la perdita di una compatta è comunque assai meno inquietante di quella dei dati sensibili del nostro smartphone.

È possibile farsi un selfie con una personalità famosa? Sì, ma con molta misura e senza invaderne lo spazio privato: mai se la persona è a un tavolo, oppure è impegnata in una conversazione e nemmeno, nel modo più assoluto, se è con bambini piccoli che potrebbero sfuggire al controllo e hanno un particolare diritto alla privacy.

Non farete mai un selfie "di rapina" ma, con educazione, chiederete se l'iniziativa non dispiace, facendo grande attenzione che in secondo piano non ci siano ignari sconosciuti che poi finirebbero in rete.

Il fumo

Sigarette, sigari & C.: il divieto di fumare è pressoché onnipresente.
Ricordatevi comunque che il gentiluomo, anche a una cena estiva
su una terrazza o in un ristorante all'aperto, deve sempre
chiedere il permesso di accensione.

È opportuno confinare sigaro e pipa alle meditazioni solitarie e non imporli in pubblico. Troverete sempre qualcuno che vi risponderà, per eccesso di garbo, che non c'è problema: rammentate che quando rientreranno a casa e i loro abiti saranno impregnati di fumo, vi penseranno intensamente e non con ammirazione.

La sigaretta elettronica appesa a un laccio da collo non è il massimo dell'eleganza e comunque emette vapori aromatizzati che potrebbero infastidire: limitatene l'uso in pubblico e adottate precauzioni identiche a quelle per il fumo da tabacco.

I mozziconi non vanno mai buttati a terra, tanto meno se siete in spiaggia: attrezzatevi.

Vino e superalcolici

Brevi considerazioni su un elemento ormai consueto della convivialità, e pazienza per gli astemi cui non è dato verificare l'aforisma del gastronomo settecentesco Anthelme Brillat-Savarin: «Un pasto senza vino è come un giorno senza sole».

Regola prima: non aggiungete mai ghiaccio al vino, se ne perde l'essenza a lungo conservata in bottiglia.

Il vino bianco fermo o mosso e alcuni vini rosati vanno serviti nella *glacette*, frequentemente rifornita di ghiaccio per mantenere il punto di fresco o freddo costante.

In casa, descrivete brevemente il vino proposto, soffermandovi sulla zona d'origine e sul produttore, se lo conoscete. Usate il decanter quando il vino rosso lo merita o, quantomeno, lasciatelo respirare aprendo la bottiglia almeno due o tre ore prima del pranzo. Non portate in tavola una bottiglia di vino bianco regalata da un invitato che non sia già fredda. Se un ospite arriva invece con una bottiglia di vino da meditazione (Passito, Sauternes ecc.) è segno di considerazione aprirla a fine pasto con un sentito ringraziamento.

Sempre in tema d'invitati con bottiglia di vino al seguito, non scordatevi di aprire la confezione, di ammirare l'etichetta e di complimentarvi per l'ottima scelta.

Se siete ospiti in casa d'altri, non date giudizi sul vino proposto né segnalate l'eventuale aroma di tappo. Fatevi senz'altro riempire il bicchiere e date solo qualche piccolissimo, innocuo sorso. L'ultima cosa da fare è mettere in imbarazzo il padrone di casa. Quest'ultimo si occuperà della mescita: getterà sempre un'occhiata alla tavola preoccupandosi di rabboccare i bicchieri e di sostituire le bottiglie, che sarebbe preferibile sistemare su un tavolino d'appoggio.

Tenete un profilo basso, anche se avete frequentato tutti i corsi da sommelier. Rispondete volentieri alle domande ma non salite in cattedra monopolizzando l'attenzione con argomenti che potrebbero non interessare. Dalì diceva che «i veri intenditori non bevono vini, degustano segreti».

Dunque, a meno che non siate intenditori professionali e fondiate sul vino i vostri inviti conviviali, cercate di dotare la vostra casa di un servizio di bicchieri che si adattino a più tipologie di vino (quello da vino bianco sarà più piccolo rispetto a quello per il vino rosso) senza imbarcarvi in scelte troppo tecniche. Un elemento importante di valutazione, sovente non sufficientemente considerato, è la facilità di lavaggio e di asciugatura dei bicchieri, da realizzare rigorosamente a mano utilizzan-

do strofinacci di tessuto morbido. Una buona enoteca, oltre a consigliarvi sul vino, vi aiuterà a scegliere il modello che più si adatta alle vostre esigenze. Al ristorante, il gentiluomo lascia scegliere il vino alle signore o all'ospite di riguardo, a meno di espressa delega a provvedere, ma anche in questo caso il gradimento deve essere concordato. Eventuali contestazioni, come abbiamo già detto, devono essere fatte con tono misurato, chiedendo semplicemente al personale di cambiare la bottiglia. Non lanciatevi in disquisizioni enologiche con il maître o il sommelier, trattate sempre l'interlocutore con educazione ma siate fermi: una volta asserito che il vino è da cambiare, non dovete tornare sulla vostra decisione. Il prezzo non deve essere l'ago della bilancia di una scelta, né in basso né in alto.

A fine pasto si possono servire superalcolici. Meglio pochi, ma di buona qualità e di almeno tre tipi: brandy, whisky e grappe.

I regali

Il gentiluomo non dimentica compleanni e ricorrenze e tiene aggiornato un promemoria con le date che non può scordare, sia in ambito familiare sia in quelli professionale e sociale. Quando c'è confidenza, gli auguri più belli sono quelli telefonici, altrimenti, in ordine di preferenza, quelli scritti e inviati per posta, poi quelli via e-mail e, infine, via sms.

Se invitati, non vi presentate mai a mani vuote. Il regalo deve essere commisurato alla ricorrenza: una cena in casa è meno impegnativa, in termini di individuazione e di incidenza economica, di un compleanno. Non dovrebbe essere scontato e, naturalmente, deve giungere in tempo. Naturalmente, tutto diventa più facile se si conosce bene il destinatario.

- Regali rassicuranti sono: un libro ben scelto, piccoli oggetti tipicamente maschili (legati, per esempio, al settore enologico o del fumo), accessori d'abbigliamento non impegnativi (cravatte sobrie, gemelli di costo contenuto, prodotti particolari per la cura delle scarpe, guanti ecc.), una bottiglia di vino o di liquore. Anche una pianta potrebbe andar bene.

- Offrendo fiori a una signora non si sbaglia mai, ma sono apprezzati anche confezioni di cioccolatini di pregio e, perché no, del vino. A questo proposito, ricordate che se scegliete di regalare vino bianco o un metodo champenois, la bottiglia dovrà essere ben fredda, in caso gli ospiti desiderassero condividerlo sul momento.

- Graditissimi, mai come in quest'epoca, sono i regali alimentari.

- Gli omaggi rischiosi, anche per questioni scaramantiche di cui potreste non essere al corrente, sono quelli che possono tagliare o pungere; sconsigliati i profumi, troppo personali, e i saponi, a meno che non siano dei veri must.

- Un regalo sovradimensionato all'occasione si trasforma in una manifestazione di cattivo gusto, per non dire una vera e propria cafonata, ma anche un omaggio troppo a buon mercato diventa un segnale di poca o nulla considerazione. Fanno eccezione quegli oggetti talmente particolari, rari o inattesi che non possono essere catalogati entro un parametro economico: una copia di un quotidiano uscito il giorno della nascita del festeggiato o un elemento che concorre a completare una collezione del destinatario.

- Quando consegnate il regalo, non accompagnatelo da istruzioni d'uso o raccomandazioni sulla sua delicatezza e neppure fatelo cadere dall'alto sottolineando, ad esempio, in quale rinomato negozio è stato acquistato o enfatizzando la marca. Porgetelo e basta, con garbo.

- Un biglietto di accompagnamento nella sua busta è indice di eleganza (*vedi* p. 125) ma è obbligatorio se il regalo è fatto recapitare a domicilio.

- Se ricevete un oggetto che già possedete o che non è di vostro gusto, dovete comunque mostrare apprezzamento e ringraziare con calore.

- Un regalo si rifiuta solo se non è opportuno o se le norme legate alla professione o alla carica ne impediscono l'accettazione, per esempio oltre un certo valore per i pubblici dipendenti. La restituzione è sempre accompagnata da una frase cortese, a meno che non si tratti di un palese tentativo di strumentalizzazione.

- I fiori non si rifiutano mai.

- Evitate come la peste di regalare animali.

- Riciclare un regalo è possibile, ma sarebbe preferibile riservarlo a persone con cui si ha estrema confidenza, dichiarandone sempre l'origine.

- Non sottovalutate la confezione: spesso conferisce un grande valore aggiunto al contenuto.

LE GRANDI
occasioni

L'abito da società

"È nel dettaglio la misura dello stile".
Detto ciò, oggi l'abito scuro si adatta a un gran numero di occasioni.
Si può passare dall'ufficio al ricevimento, dal matrimonio
alla conferenza, dal teatro alla visita di dovere
senza passare da casa a cambiarsi, come un tempo.

Tuttavia i cosiddetti "abiti da società" resistono ancora tenacemente e obbligano chi li indossa a particolari attenzioni: lo stile è la somma di queste attenzioni che non possiamo eludere. Quindi entra in gioco il modo di indossarlo. L'abito da società non può trasformarsi in una sensazione di disagio che renda ingessati, goffi o semplicemente affettati.

Ricordate che essere vestiti tutti allo stesso modo in una cerimonia non significa rinunciare alla propria individualità: l'abbigliamento dovuto esprime appartenenza, conoscenza di un codice, inclusione in un gruppo, distinzione. Come un soldato che indossi l'uniforme – termine non casuale – vestire l'abito di società significa dare un'immagine più definita, più consapevole, più sicura di sé. È bene che la postura si adegui all'abbigliamento: il gesto si faccia più morbido, la camminata più lenta, il tono meno elevato. Che l'abito aiuti a fare il monaco...

Nel guardaroba dell'uomo di stile uno smoking non può mancare. Quanto al tight e al frac, valutate con realismo quante volte potreste essere chiamati a indossarli in futuro: se le occasioni non superano le dita di una mano conviene affittarli.

La giacca dell'abito di società non si può togliere per nessun motivo.

Appuntate la rosetta o la spilla degli ordini cavallereschi nazionali solo nelle cerimonie ufficiali ma sempre alla presenza del Capo dello Stato o di membri del Governo.

La tabella mostra la corrispondenza fra le occasioni e gli abiti.

Le occasioni e le tenute

	ABITO SCURO	TIGHT	SMOKING	FRAC
UDIENZA O CERIMONIA	SÌ	SÌ[1]	NO	SÌ
BATTESIMO, CRESIMA, PRIMA COMUNIONE	SÌ	NO	NO	NO
MATRIMONIO	SÌ	SÌ	NO	SÌ[2]
FUNERALE	SÌ	SÌ	NO	NO
COLAZIONE	SÌ	NO	NO	NO
PRANZO	SÌ	NO	SÌ	SÌ
LUNCH	SÌ	NO	NO	NO
COCKTAIL	SÌ	NO	SÌ[3]	NO
CENA	SÌ	NO	SÌ	SÌ

1 · Se prescritto e solo di giorno.

2 · Quando prescritto.

3 · Lo smoking è tollerato solo se un impegno immediatamente successivo in cravatta nera non consente il cambio d'abito. Occorre comunque scusarsene con la padrona di casa.

La prescrizione negli inviti del tight, che non ha una traduzione italiana, si indica con il medesimo termine. Invece le espressioni *dinner jacket* o *black tie* richiedono all'invitato lo smoking. Sarebbe però preferibile usare l'italiano "cravatta nera". "Cravatta bianca" o "marsina", in inglese *white tie*, prescrivono invece il frac. Il termine inglese *dress code*, in particolare auge da qualche tempo, corrisponde all'italiano "tenuta".

Il tight

Il nome è inglese, ma gli anglosassoni lo chiamano *morning coat* o *morning dress*, perché prevede la luce del giorno: al tramonto, e senza alcuna deroga, il *tight* lascia il posto ad altre tenute serali. *Tight* significa «stretto, aderente», attillato ma anche severo, duro, difficile: in origine si riferiva alla forma composta dei pantaloni ma poi ha finito per qualificare l'intero completo. Oggi il *tight* s'indossa quasi sempre nei matrimoni eleganti.

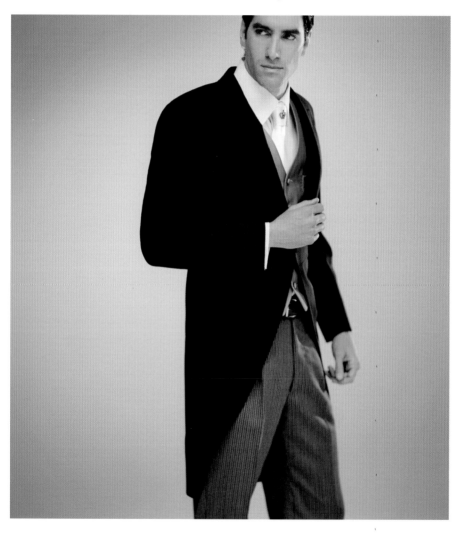

Le cose fondamentali da sapere

- La punta del revers non deve oltrepassare la metà della distanza fra l'incollatura e la spalla.

- La manica deve arrivare esattamente al polso e la camicia deve sporgere poco meno di 3 cm.

- Le code della giacca, a un petto, si fermano all'altezza dei polpacci.

- I pantaloni, senza risvolto, possono essere nel classico gessato o a righe nei toni del grigio, del nero e del bianco; avranno quattro pince orientate verso l'interno e cadranno sul collo del piede formando una leggera concavità sul davanti.

- La camicia sarà candida con il collo inamidato, per i romantici a ogni costo sono ammessi anche il collo alto e le puntine rovesciate, con il classico collo diritto o floscio di popeline, di cotone o di batista, di tessuto unito od operato.

- I polsini, preferibilmente doppi, saranno chiusi da gemelli sobri di oro o di smalto: evitate le pietre preziose.

- La cravatta lunga o il *plastron*, ovvero lo sparato, obbligatorio con camicia a punte rialzate e spilla fermacravatta ma sconsigliato a colli poco slanciati, giocheranno sulle infinite sfumature del grigio, del perlato, del piombo scuro.

- Le bretelle bianche sono di rigore.

- I guanti sono di camoscio grigio e, all'occhiello, spicca il fiore, rigorosamente bianco: potete scegliere fra la tuberosa, la gardenia, il garofano, la camelia e il fiore di zagara.

Il tight

	MATERIALE O TESSUTO	COLORE	MODELLO
GIACCA	flanella pettinata, lana operata, tasmanian	grigio, grigio ferro, fumo di londra	marsina a coda di rondine, arrotondata
PANTALONI	pettinato rigato, tasmanian	grigio, nero e bianco	a tubo senza risvolti
GILET	pannetto, assortito alla giacca	grigio perla	dritto a cinque bottoni
CAMICIA	popeline, batista, cotone, tela seta	bianco	collo inamidato, alto o floscio
CRAVATTA	seta in tinta unita o jaquard	avorio, grigio, piombo	lunga, plastron
CALZE	cotone leggero, seta	nero, grigio scuro	lunghe
SCARPE	vitello	nero	Oxford lisce
Formula d'invito: **TIGHT · MORNING COAT**			

Lo smoking

Negli inviti, la prescrizione dello smoking si esprime con la formula inglese *black tie*, abbreviazione di *black bow tie*, ossia cravatta nera a farfalla.

Se il tight è il re della luce, lo smoking vampireggia: il costume europeo lo prescrive dopo le 20 come, d'altra parte, è confermato dal termine inglese *dinner jacket*.

Gli statunitensi, che lo chiamano Tuxedo, ne ammettono invece l'uso più o meno dalle 18. Il debutto dello smoking pare sia avvenuto nel 1886 proprio al *Tuxedo Park*, un esclusivo club a una cinquantina di chilometri da New York: fu un'idea di Griswold Lorillard, che si presentò a un ballo indossando una corta giacca nera con revers di seta e gilet scarlatto. I tempi erano maturi per superare le code del frac e l'Europa fece propria l'innovazione. Nel vocabolario di società comparve allora, accanto alla *dinner jacket* britannica, il termine *smoking* che s'impose in Francia e in Italia e che rimandava, per somiglianza, alla giacca di panno nero che i *gentlemen* inglesi indossavano dopo il pranzo per proteggere i frac dall'odore del fumo di sigarette e sigari. Nel 1925 fu introdotta la fascia nera alla vita come alternativa al gilet, mentre il principe di Galles, sempre lui, presentò il modello a doppio petto; poi in America nacque la giacca bianca estiva, oggi per la verità caduta un po' in disuso ma sempre di grande effetto.

In Italia con lo smoking non ci si sposa né si partecipa a un matrimonio, anche se programmato di sera: gli unici abiti maschili ammessi per pronunciare o per accompagnare un *sì* sono il *tight*, l'abito scuro e l'uniforme.

Le cose fondamentali da sapere

- Il modello classico prevede una giacca monopetto con i revers a lancia. Sono ammessi anche i revers sciallati da preferirsi con il modello a doppio petto.

- Le tasche, all'altezza dell'anca, sono tagliate e non ammettono le patelle.

- D'obbligo il fazzoletto bianco di batista di lino e con gli orli fatti a mano, che donerà una nota di colore.

- Lungo la cucitura esterna del pantalone dritto, senza risvolti e più o meno stretto in fondo, corre una striscia (detta gallone) della stessa seta dei revers.

- Se scegliete uno smoking su misura, ricordate di fare attaccare all'interno della cintura del pantalone i bottoni per le bretelle. A differenza di quelle a clips, gli straccali a bottone garantiscono una maggiore stabilità e un aplomb perfetto. In ogni caso, il gilet o la fascia orizzontale di raso devono coprire la linea di cintura dei pantaloni.

- Lo smoking ammette anche le pumps, scarpe a pantofola lucide di vernice nera.

- Potete scegliere la camicia, ovviamente candida, più adatta al vostro gusto e alla vostra corporatura: il modello tradizionale prevede il collo alto con le puntine rovesciate, ma c'è anche quello meno impegnativo con il collo floscio.

- Lo sparato, la parte anteriore inamidata delle camicie da uomo che non dovrebbe mai scendere al di sotto della linea della vita, può essere di piquet o a pieghe.

- Il gilet fa ancora la sua ottima figura, soprattutto d'inverno.

- La cravatta dello smoking è nera e con il nodo a fiocco: non semplice da realizzare, richiede ore di esercizio davanti allo specchio. Ma il papillon piegato manualmente spicca fra i farfallini già pronti e fa la differenza.

Lo smoking

	MATERIALE O TESSUTO	COLORE	MODELLO
GIACCA	drappé, barathea di mohair, tasmanian	nero, bianco	dritta, corta, a uno o a due petti con revers di seta
PANTALONI	assortiti alla giacca	nero	a tubo senza risvolti con bordatura laterale di seta
GILET	assortito alla giacca	nero	dritto a cinque bottoni
CAMICIA	batista, brillantina di cotone, seta	bianco	collo inamidato alto o floscio, sparato a pieghe
CRAVATTA/ FASCIA	seta, raso, faille, crêpe, broccato, gros-grain	nero	a farfalla, a balze
CALZE	cotone leggero, seta	nero	lunghe
SCARPE	vitello, vernice	nero	Oxford lisce, pumps
Formula d'invito: BLACK TIE			

Il frac

Negli inviti, la prescrizione del frac si esprime con la formula inglese *white tie*, cravatta bianca. Per almeno un secolo, prima di essere scalzato dallo smoking, ha dominato le notti del bel mondo colorando di nero e bianco ambienti e occasioni.

Il modello oggi codificato prevede una marsina nera con code appena sotto il polpaccio, revers di seta, pantaloni neri dritti con bande in seta un po' più strette di quelle dello smoking, camicia bianchissima con sparato e collo alto e punte rovesciate, cravatta bianca annodata a fiocco. Una volta staccabili, inamidati e sovrapposti alla manica, oggi i polsini sono morbidi e doppi, chiusi da gemelli preziosi.

Il frac

	MATERIALE O TESSUTO	COLORE	MODELLO
GIACCA	drappé, barathea di mohair, tasmanian	nero	marsina a coda di rondine con revers di seta
PANTALONI	assortiti alla giacca	nero	a tubo senza risvolti con bande
GILET	piquet	bianco, nero[1]	scollato a U o a V con tre bottoni
CAMICIA	batista, brillantina di cotone, seta	bianco	collo alto a punte piegate, sparato e polso doppio
CRAVATTA	piquet	bianco	a farfalla
CALZE	seta	nero	lunghe
SCARPE	vernice, pelle	nero	pumps
Formula d'invito: **WHITE TIE**			

1 · In talune cerimonie.

Gerarchie e precedenze

Immaginate di essere il personaggio più importante:
alla vostra destra si collocherà il secondo in gerarchia
e alla vostra sinistra il terzo.

Centro, destra, sinistra: così si declina, salvo poche eccezioni, l'ordine delle precedenze, ossia la disposizione delle persone, ma anche delle bandiere, in base al rango rivestito. La destra e la sinistra si considerano dal punto di vista di chi guarda.

Il punto di vista è quello di chi guarda.
L'alternanza destra-sinistra si spiega con il principio della vicinanza al centro.

Se al tavolo della presidenza siedono persone in numero pari, si utilizza il doppio centro. La persona più importante occupa la destra del doppio centro e gli altri si dispongono di conseguenza.

Il punto di vista è quello di chi guarda.

In caso di rassegna da parte di un'autorità, la delegazione si dispone, all'arrivo, in ordine gerarchico decrescente, mentre alla partenza la disposizione seguirà l'ordine crescente.

Disposizione di una rassegna all'arrivo.

Disposizione di una rassegna al congedo.

Al di là delle occasioni formali, la destra si concede di norma alle persone anziane e a quelle più autorevoli, anche in ragione del loro passato.

La precedenza femminile si osserva nella dimensione privata. In ambito professionale e aziendale il grado prevale: sarà a discrezione del superiore cedere il passo o attuare altre forme di cortesia.

In automobile e in aereo

In un'automobile a cinque posti con autista, i posti sono così ordinati:

Questo lo schema in una limousine a sei posti:

Una quinta persona a bordo cambierà la disposizione: il più alto in grado siede a fianco dell'autista e gli altri tre sul divano posteriore.

Se l'automobile è guidata dal proprietario, l'ospite di riguardo siede al suo fianco e il secondo in ordine gerarchico prende posto sul lato sinistro del divano posteriore, per una conversazione più agevole.

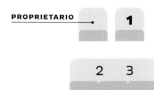

Sugli aerei privati, aziendali o di Stato sono previsti settori e posti gerarchicamente ordinati in base alla distanza dalla poltrona del più alto in grado. L'ordine delle precedenze regola la vita di bordo: la persona più importante sale a bordo per ultima e scende per prima. Finora abbiamo parlato di situazioni più frequenti negli scenari istituzionali, ma non di molto si discosta l'impianto della galanteria. In auto, se vi sono due coppie, è possibile che le signore si siedano dietro per parlare più liberamente.

Titoli e trattamenti

Il gentiluomo sa come rivolgersi alle persone che detengono una carica, un grado o un ufficio e ciò vale nella corrispondenza, nelle occasioni sociali, nella vita professionale. Certo, nel mondo civile (pubblico e aziendale) si può usare il termine generico "dottore" o "dottoressa" per qualificare il possesso di una responsabilità, ma non sempre è sufficiente. Vediamo alcuni esempi.

- Non sbagliate se appellate "presidente" chiunque sia al vertice di un organismo, dall'assemblea di condominio alla Repubblica Italiana. La stessa qualifica vale per i vicepresidenti e per gli ex presidenti. Ai parlamentari italiani ed europei spetta il trattamento di "onorevole" (che funziona anche per gli eletti al Senato, se non ne siete sicuri). Alla fine del settennato al Quirinale il Capo dello Stato assume il titolo di Presidente Emerito della Repubblica Italiana e non di ex Presidente.

- Prefetto, questore, consigliere, direttore, ministro, rettore, sindaco valgono, in genere, sia per gli uomini sia, declinati al femminile, per le donne, anche se è bene accertarsi prima su eventuali preferenze da parte delle titolari della carica. In questo campo è bene non fidarsi del proprio istinto, perché alcune personalità tengono molto a essere appellate nel modo corretto. In-formatevi in anticipo o porgete l'orecchio con discrezione: è la regola aurea per evitare gaffe. Una regola che vale in tutte le occasioni: se non siete sicuri di un gesto, di una parola, di una posata da usare osservate ciò che fanno gli altri.

- I settori delle Forze Armate, dei Corpi armati (Polizia di Stato, Polizia Penitenziaria ecc.) e dei Corpi non armati dello Stato (Vigili del Fuoco ecc.) adottano una regola semplicissima: tutto è declinato al maschile. Non vi potete sbagliare.

- In campo religioso, vi rivolgerete ai cardinali con "Eminenza"; ai vescovi con "Eccellenza" (che si adatta anche a ogni autorità straniera, dagli ambasciatori ai ministri ai capi di Stato); agli altri religiosi con "monsignore", "reverendo", ma anche con un semplice "padre". "Madre" è riservato alle superiori di una comunità, "sorella" a una suora.

- In tutti gli altri casi, chiedete.

Indice

RINGRAZIAMENTI

Un ringraziamento affettuoso a Claudio Ligas per la sua complice
vicinanza e professionalità.

I bozzetti delle camicie sono di David e Marco Meghnagi,
che hanno fornito una preziosa consulenza tecnica su tagli, stili e tendenze.
Nel solco della tradizione di famiglia, hanno creato a Roma un punto
di eccellenza dell'artigianalità italiana.

Infine, un grazie a tutte le persone di stile che abbiamo osservato,
incontrato e ammirato.

Nell'iconografia del passato l'effimero nodo della striscia di tessuto rappresentava l'unione, la fertilità e quindi la vita. Veniva inteso come prova di fedeltà verso l'amata prima di partire per le guerre.

Originariamente indossata dai soldati croati, arruolati come mercenari da Luigi XIII, per proteggersi dal freddo, era più che altro un foulard annodato, ma venne rapidamente adottata dalla corte di Francia. E così, dalla deformazione fonetica del termine *croatte*, «sciarpa croata» in francese, si arrivò alla *cravate*. Luigi XIV le sceglieva con l'ausilio di un gentiluomo di corte da lui nominato "cravattaio", anche se preferiva poi annodarsela da solo. Alla sua corte la cravatta diventa uno dei tanti oggetti necessari per essere alla moda. Con l'aggiunta di pizzi, merletti e nastri di seta si diffonderà poi in tutta Europa.

Da allora la cravatta attraversa i secoli e i continenti in differenti fogge e arriva fino a noi. Al termine del XVIII secolo la rivoluzione industriale inglese, applicata al settore tessile, riesce a produrre anche cravatte più funzionali, più lunghe e strette e più indossabili, anche fuori dai palazzi reali.

Era il 1926 quando un geniale newyorkese, Jesse Langsdorf, ebbe l'idea di tagliare il tessuto della cravatta di sbieco, per renderla ancor più duttile. Oggi milioni di uomini rispettano il codice dell'eleganza indossando la cravatta, e in un mondo apparentemente trasandato l'apprezzamento per la strip si allarga sempre di più dimostrando nuova vitalità.

Per ciò che riguarda il peso, lo spessore, le dimensioni e soprattutto le fantasie, la parola d'ordine è non esasperare. Battistoni, il fondatore dell'omonima casa sartoriale, affermava che la larghezza delle cravatte segue il ciclo economico, espansivo oppure recessivo. Attraverso la scelta della cravatta e del suo punto focale, il tipo di nodo, l'uomo, anche solo inconsapevolmente, manifesta la sua personalità. Ogni nodo – ne esistono più di 70 – ha un proprio nome e interpreta un modo di rappresentarsi.

Si dice che Lord George Bryan Brummell, *arbiter elegantiarum* di inizio Ottocento, ogni mattina si dedicasse ad annodare personalmente la cravatta e che, se il risultato non gli appariva perfetto, la buttasse e si cimentasse con la successiva fino a ottenere un esito soddisfacente.

Ogni nodo è il frutto di una piccola invenzione e spesso prende il nome da personaggi più o meno famosi. Potete indossare una cravatta creata dal miglior sarto specializzato, ma se sbagliate il nodo sarà tutto inutile.